꿈이 이루어지는 집 꾸미기

私の未来が整う部屋
(Creating a Happy Future Starting with Your Home)
by レブランク かおり

© Kaori LeBlanc 2022
© Chaegjangsok Books, 2023 for the Korean language edition.

Korean translation rights arranged with WAVE PUBLISHERS., LTD.
through Namuare Agency.

카오리 르블랑 지음 — 황세정 옮김

꿈이 이루어지는 집 꾸미기

정리만 잘해도 인생이 내가 원하는 방향대로 흘러간다

책장속
BOOKS

여러분이 사는 곳을
편안한 공간으로 가꾸면 어떻게 될까요?

가장 많은 시간을 보내는 집이 여러분에게 좋은 기운을 불어넣어 주는 '파워 스폿'으로 바뀌게 됩니다. 그리고 여러분이 원하는 방향으로 삶이 나아가기 시작합니다. 저는 이렇게 공간을 가꾸는 법을 많은 이에게 전파해 왔습니다. 그리고 제 메시지를 통해 삶이 긍정적으로 변화한 분들에게서 아래와 같은 이야기를 전해 듣곤 해요.

"제가 줄곧 상상해 왔던 꿈이 이루어졌어요!"
"사랑하는 사람을 만나 행복한 결혼 생활을 하게 되었어요!"
"가족 간의 관계가 예전보다 좋아졌어요!"
"업무에서 좋은 성과를 거두게 되었어요!"

제가 그분들에게 전파하고 있는 방법은 풍수의 일종인 '바구아(Bagua, 팔괘) 풍수'에다 저의 실제 경험을 더해 만든 '어번던스(abundance, 풍요) 풍수'라는 것입니다. '풍수'라고 하면 왠지 낡고 고리타분하게 느껴지고, 방위를 일일이 맞추기가 현실적으로 어렵다고 생각할 수 있습니다. 하지만 걱정하지 마세요.

제가 가장 중시하는 부분은 '자신이 느끼기에 편안한가?'입니다. 풍수 물품이나 방위에 얽매이지 않고도 여러분의 주거 공간을 가만히 있기만 해도 마음이 편안해지고 활력이 샘솟는 세련된 공간으로 가꿀 수 있습니다. 어디에 살든 간에 누구나 언제든지 실천 가능한 방법입니다.

이 책에서 말하는 '주거 공간을 가꾼다'라는 개념은 '자신이 바라는 미래의 모습을 집이라는 공간에 먼저 선보인다'라는 의미입니다. 즉, 집이라는 공간을 먼저 가꾸면 그것이 언젠가 여러분이 꿈꾸는 미래로 이어질 수 있습니다. 저도 일상에 풍수를 접목한 후, 제가 꿈꾸었던 것보다 훨씬 더 근사한 라이프 스타일을 누리게 되었습니다.

여러분이 사는 곳도 그런 강력한 '파워 스폿'으로 바꿔 보세요.

이 책이 부디 여러분이 풍요로운 삶을 살아가는 데에 도움이 되었으면 하는 바람입니다.

풍수 라이프 스타일리스트 카오리 르블랑

차례

Prologue

사는 곳을 가꾸기만 해도
삶에 풍요가 꽃핀다

당신의 미래를 빛나게 할
가장 간단한 방법

사람은 누구나 재능을 타고난다. 그런 재능 중에는 업무에 도움이 되는 재능이 있는가 하면 가정에서 요긴하게 쓸 수 있는 재능이 있으며, 좀 더 특별한 형태로 발휘되는 재능도 있다. 재능이라고 하면 예술이나 스포츠와 관련된 재능처럼 일부 극소수의 사람에게만 부여되는 것이라는 이미지가 있을 수 있지만, 내가 말하는 재능의 의미는 조금 다르다. 재능이란, 말하자면 '자기다운 것'이다.

'이게 나야.'라는 당당한 태도로 자신의 개성을 발휘하며 자신이 하고 싶은 일을 하고, 자신이 꿈꾸는 미래를 실현해 나가는 것.

재능의 형태는 사람마다 다르겠지만, 누구나 그렇게 살 수 있다. 그 누구도 예외가 아니라고 장담한다. 혹시 지금 '난 그 어떤 재능도 없는데.', '꿈꾸는 미래를 실현해 나간다니, 도무지 상상이 가질 않아.', '지금의 삶에 딱히 불만은 없지만, 그렇다고 엄청나게 만족하는 것도 아니야.'라고 생각하고 있지 않은가. 만약 그렇다면 그러한 요인 중 하나가 어쩌면 '지금 당신이 처한 환경'에 있을지도 모른다. 환경을 바꾸면 의식이 바뀐다. 그렇다고 지금 당장 이사나 이직을 하라는 말은 아니다.

지금 여러분이 '사는 곳', 그 주어진 환경에 감사하고, 신경을 쓰고, 가꾸어 나가자. 그렇게 하면 자신의 재능을 살려 더 풍요로운 삶으로 나아갈 첫 번째 문을 열 수 있다.

그러기 위해 나는 이제껏 많은 사람에게 '주거 공간을 가꾸는 법'을 전파해 왔다. 그 내용은 얼핏 보기에 '단순한 정리 정돈'처럼 보일 수 있다. 하지만 단순한 정리 정돈과 차이가 있다. 바로 자신이 정말로 좋아하는 것들만 남겨둔다는 점과 그것을 풍수 이론에 맞게 실천한다는 점이다. 풍수라고 해도 딱히 어렵지 않고, 누구나 언제 어디서든 쓸 수 있게 변형한 '바구아 풍수'를 기반으로 하고 있다. 그렇기에 실제로 하는 일은 매우 쉽고 간단하다. 그렇게 주거 공간을 가꾸어 나가면 여러분의 재능이 점차 꽃피어나 예전에는 상상도 하지 못했던 행복과 풍요를 얻게 되고, 도저히 불가능하다고 생각했던 꿈이 이루어진다. 나는 지금까지 그런 사람을 많이 봐 왔다.

당신의 미래를 빛나게 할 가장 간단한 방법

당신이 '사는 공간'은
당신의 꿈을 그리는 캔버스다

여러분에게 먼저 하고 싶은 말이 있다. '내가 사는 공간은 내 꿈을 그리는 캔버스'라는 점이다. 새하얀 캔버스에 자신이 좋아하는 풍경을 그려 나가는 것이다. 그 풍경이 이윽고 현실이 되는 순간을 상상해 보라. 가슴이 두근거리지 않는가? 내가 사는 공간을 조금씩 가꿔 나갈 때마다 내 꿈 지도(dream map)가 완성되어 간다.

예를 들어 여러분이 장래에 희망하는 직업이 있다고 하자.
그러면 그 직업을 상징하는 물건을 눈에 잘 보이는 곳에 두기만 해도 된다.

만약 여러분에게 해외에 나가 보고 싶은 꿈이 있다면 어떨까. 집 안에 자신이 가 보고 싶은 나라를 나타내는 물건을 두는 식으로 작은 변화를 주어 보자. 그 나라의 풍경이 담긴 사진이나 그 나라에서 만들어진 민속공예품 등 정말 소소한 것이어도 된다. 그것을 날마다 매일 들여다보며 생활하다 보면 신기하게도 그 나라에 가도록 일이 흘러가게 된다. 내가 사는 공간을 가꾸다 보면 이런 식으로 나의 바람이 자연스레 이루어지는 것이다.

내게도 이런 일이 실제로 일어났다. 한때 나는 하와이에 몹시 가고 싶은 적이 있었다. 사실 가려고 마음만 먹으면 당장에라도 갈 수 있을 것 같았는데, 어째서인지 좀처럼 그럴 기회가 생기지 않았다. 그러다 문득 떠올린 방법이 집 한 편에 '하와이 코너'를 만드는 것이었다. '하와이 코너'라고 해도 그리 거창한 게 아니라, 그저 하와이를 상징하는 플루메리아꽃과 남편이 우연히 가지고 있던 우쿨렐레를 장식한 게 전부였다. 그런데 그렇게 집에 하와이 코너를 마련했더니 정말로 얼마 후에 하와이에서 개최된 리트리트(Retreat) 행사에 초대받아 가게 되었지, 뭔가.

풍수를 배우고 있는 내 학생들에게서도 이와 관련해 기분 좋은 경험담을 가끔 전해 듣는다. '만날 일이 없을 줄 알았던 유명 작가의 코너를 집에 마련해 두었더니 실제로 지인에게 소개받아 그분을 만나 뵙고 대화를 나눌 기회가 생겼다.'라는 식이다. 그들이 실천하고 있는 것은 '자신이 바라는 미래의 모습을 집이라는 공간에 먼저 선보이는 것'이다. 이때 집 안 전체를 '자신이 바라는 미래를 상징하는 물건'으로 가득 채울 필요는 없다. 눈에 잘 띄는 작은 공간에 몇몇 소품을 늘어놓기만 해도 충분하다.

이때 가장 중요한 핵심은 '눈에 잘 띄는 곳'이라는 점이다. 왜냐하면 인간의 오감 가운데 '시각'이 의식에 끼치는 영향이 87%로, 다른 감각보다 월등히 높다고 알려져 있기 때문이다. 현실을 만드는 것은 결국 사람의 의식이다. 그렇기에 눈에 잘 띄는 곳에 자신이 꿈꾸는 미래를 상징하는 물건을 두면 그 물건이 주는 시각적 자극이 의식에 강하게 작용함으로써 그러한 미래를 실현할 현실을 만들어 나가는 셈이다.

당신이 사는 공간과 사랑에 빠지면
기적이 일어난다

좋든 싫든 간에 사람은 자기도 모르는 사이에 주변 환경으로부터 많은 영향을 받는다. 주변을 말끔히 정리하고, 자신에게 꼭 필요한 물건과 자신이 정말 좋아하는 물건에 둘러싸여 지내면 그런 편안한 환경에 영향을 받은 의식이 긍정적인 현실을 만들 것이다.

반대로 이렇게 말할 수도 있다. 쓰지 않는 물건이나 망가진 물건에 둘러싸여 지내면 그런 너저분한 환경의 영향을 받은 의식이 불쾌한 현실을 만들어 버릴 것이다. 만약 여러분이 지금 '제대로 되는 일이 하나도 없네…….'라는 느낌을 받고 있다면 그런 상황 자체가 주거 환경이 여러분의 의식에 영향을 끼친 결과일 수도 있다는 뜻이다. 집에서 자신의 본래 모습으로 편히 지낼 때는 몸과 마음이 모두 무방비한 상태라 그만큼 환경의 영향을 받기 쉽다. 그렇기에 사는 곳을 '자신이 느끼기에 마음 편한

당신이 사는 공간과 사랑에 빠지면 기적이 일어난다

공간'으로 가꾸는 것이 매우 중요하다.

처음부터 집 전체를 전부 손보기는 어렵고, 그럴 필요도 없다. 집 안의 작은 공간을 하나씩 단계적으로 가꿔 나가다 보면 자신이 느끼기에 마음 편한 현실을 자신의 곁으로 끌어당기는 힘이 서서히 강해진다. 즉 가고 싶은 곳에 갈 수 있고, 되고 싶은 것이 될 수 있고, 가지고 싶은 것을 손에 넣을 수 있는 것이다. 이는 말하자면 자신이 사는 공간과 서로 사랑에 빠지는 것이라 할 수 있다. 누군가를 소중히 대하면 그 사람도 자신을 소중히 대해 주지 않는가. 사랑받고 싶으면 먼저 사랑하라는 가르침도 있다.

내가 사는 공간도 마찬가지다. '내가 사는 공간에 경의를 표하고 소중히 대하는 행위'는 '내가 사는 공간에 사랑의 에너지를 보내는 행위'와도 같다. 사랑의 에너지를 보내면 그만큼 사랑의 에너지가 돌아온다. 내가 사는 공간과 서로 사랑에 빠지면 그 공간이 내가 바라는 미래를 끌어당기는 든든한 지원군이 되어 줄 것이다.

자존감이 올라가고
재능이 꽃핀다

사는 공간은 자신과 가장 가까운 환경이다. 외부 세계에서 두르고 있던 온갖 갑옷과 투구를 벗어 버리고, 자신의 본래 모습으로 돌아가 심신을 쉬게 하는 작지만 소중한 곳. 자신이 사는 공간을 '가만히 있기만 해도 마음 편한 환경'으로 바꾸는 일은 자신을 돌보는 가장 효과적인 방법이 된다. 그리고 재능이란 모름지기 자신을 소중히 할 때 꽃피는 법이다.

사는 공간을 가꾸는 일이 자신의 재능을 꽃피우는 데에 가장 중요한 토대가 된다는 뜻이다. 사람은 마음이 편하지 않은 환경에 있으면 자신도 모르게 스스로 제약을 걸게 된다. '이런 불편한 환경에서 지내야 하는 나 자신의 가치도 고작 그 정도'라고 단념해 버리는 것이다. 마음이 편치 않은 환경에 있으면 자신의 본래 모습으로 살 수 없게 된다고 말할 수 있을지도 모르겠다.

자존감이 올라가고 재능이 꽃핀다

그래서 설령 기회가 찾아오더라도 이를 알아차리지 못하거나 적극적으로 나서지 못해 꿈이나 목표를 향해 손을 뻗을 수 없게 되고 만다.

마음 편한 환경에서 지내면 이와 정반대의 일이 일어나기 시작한다. '이런 마음 편한 환경에서 지낼 수 있다니 나는 그만큼 가치 있는 사람'이라는 식으로 자존감이 올라가고, 자존감이 올라가면 시야가 확 넓어진다. 그러면 매사에 적극적인 태도로 임하게 되어 좋은 기회가 생기게 되고, 이런 기회를 놓치지 않고 붙잡거나 본격적으로 행동에 나서면 자신이 꿈꾸거나 목표했던 일이 어느 한순간에 이루어지고 만다.

마법 같은 변화에 '왠지 모르게', '신기하게도', '보이지 않는 힘에 이끌린 것처럼' 꿈이 이루어졌다고 느낄 수도 있다. 하지만 이는 '그렇게 느껴지는 것'일 뿐, 실제로는 자신의 실행력이나 의식에 잠재된 능력, 즉 꿈이나 목표의 실현을 강하게 끌어당기는 힘이 증가했기 때문이다. 잘 가꿔진 주거 공간은 여러분이 꿈꾸는 미래를 이루어 줄 토대다. 좀 더 자세히 말하면 여러분의 타고난 재능을 빛나게 해서 여러분이 지금보다 더 높이 날아오를 수 있게 돕는 발판이라 할 수 있다.

숙명은 바꿀 수 없지만,
운명은 바꿀 수 있다

풍수에 담긴 지혜를 이용해 사는 공간을 가꾸면 여러분의 운명이 서서히 변하기 시작한다. 사람에게는 저마다 타고난 숙명이 있다. 숙명이란 후천적으로 바꿀 수 없는 것이다. 묵을 숙(宿)에 목숨 명(命)이라는 한자를 쓴 것처럼 '생명에 깃든 것'으로, 예를 들어 태어날 때 정해지는 출생 장소나 친부모, 성별 등을 나중에 자신이 원하는 대로 선택해 다시 태어날 수는 없는 법이다.

이처럼 숙명이 자신에게 '깃들어 있는 것'이라면 운명은 '움직이는 것'이다. 목숨 명(命) 앞에 돌 운(運)이라는 한자가 붙는 것에서 알 수 있듯이 일정한 조건이 깃든 생명을 어떻게 '움직여 나갈지'는 우리 스스로 결정할 수 있다. 그렇다면 자신이라는 생명을 자신이 원하는 방향으로 굴려 나가려면 어떻게 해야 할까.

그 의문을 풀어 줄 열쇠는 바로 '삶의 방식(Being)'이다. 여러분은 매일 어떤 의식을 가지고 살 것인가. 무엇을 느끼며 살 것인가. 여기서 말하는 삶의 방식이란 '무엇을 할지'가 아니라, '어떤 의식을 가지고, 무엇을 느끼며' 살아가느냐 하는 것이다.

예를 들어 긍정적인 의식과 감각을 지닌 채 살면 현실도 긍정적으로 변한다. 부정적인 의식과 감각을 지닌 채 살면 현실도 부정적으로 변한다. 바꿔 말하면 긍정적인 의식과 감각은 생명을 더 좋은 방향으로 움직이고, 부정적인 의식과 감각은 생명을 더 나쁜 방향으로 움직인다는 뜻이다. 즉, 매일 어떤 의식을 가지고 무엇을 느끼는지에 따라 운명이 갈리는 것이다.

누구나 더 나은 방향으로 생명을 굴려 나가고 싶을 것이다. 그렇다면 긍정적인 의식과 감각을 지닌 채 살아야 한다. 이를 위한 중요한 수단이 바로 사는 공간을 가꾸는 것이다. 주위에서 아무리 '긍정적으로 바뀌어라'라고 말해도 단순히 그 말만으로는 어떻게 해야 할지 알 수 없을 것이다. 하지만 일단 사는 공간을 가꿔 보라는 말을 듣는다면 어떤가. 특정 '행동'을 하면 된다는 말을 들으면 좀 더 쉽게 시도해 볼 수 있을 것 같은 느낌이 들지 않는가.

사는 공간을 가꾸는 행동을 중간에 끼워 넣으면 자연스레 의식과 감각이 차츰 긍정적으로 변한다. 그러면 이번에는 긍정적인 의식과 감각이 행동에 영향을 주어 한층 더 멋지게 주거 공간을 가꾸게 된다. 그러면 자신의 타고난 재능이 차츰 꽃피기 시작해 꿈을 향한 첫걸음을 내디디게 되고, 자신에게 찾아온 기회를 망설이지 않고 붙잡는 행동도 나타나게 될 것이다.

풍수(風水)에 쓰이는 바람 풍(風) 자는 '눈에 보이지 않는 에너지'를 상징한다. 여기서 말하는 '눈에 보이지 않는 에너지'가 바로 행동이다. 사람이 움직이면 바람이 일기 때문에 '바람=행동'으로 여겨진다. 바람이 일지 않으면 공기가 정체되듯이 행동하지 않으면 삶이 정체된다. 그렇기에 풍수에서는 행동하는 것을 매우 중시한다.

'사는 공간을 가꾸는' 최초의 행동이 의식과 감각에 작용하고, 그 결과 긍정적으로 변한 의식과 감각이 다시 행동에 작용해 행동이 더욱 긍정적으로 변한다. 그러면 긍정적으로 변화한 행동 체계가 의식과 감각을 한층 더 긍정적으로 바꾼다. 이러한 상승효과가 일어나면 삶의 방식도 점차 긍정적으로 바뀌어 필연적으로 생명을 더 나은 방향으로 굴러가게 할 수 있는 것이다.

숙명은 바꿀 수 없지만, 운명은 바꿀 수 있다

풍수를 접목하면서도
'자신의 취향'에 맞는 공간으로 꾸민다

풍수라고 하면 허무맹랑한 점이나 주술 같은 이미지를 떠올릴 수 있지만, 실은 그렇지 않다. 풍수는 방대한 경험치를 근거로 통계적으로 고안해 낸, 누구나 이용할 수 있는 '장치'나 '시스템' 같은 것이다.

　초기의 풍수학에서는 사람이 건강하고 풍요롭게 살 수 있는 이상적인 환경을 '온화한 바람이 불고, 맑은 물이 흐르며, 볕이 잘 드는 비옥한 땅에 싱그러운 초목이 숨 쉬는' 상황으로 정의하고 있다. 이 말만 들으면 '자연환경을 뜻하는 건가?'라는 생각이 들 수도 있다. 물론 풍수에 환경학적인 측면이 있는 것은 맞지만, 이는 단순히 산이나 바다 같은 '자연' 환경만을 가리키는 것이 아니다.

　'풍수에서 말하는 이상적인 환경'이란 한마디로 '만물이 균형을 이루는 상태'다.

즉, 집 안을 사람이 건강하고 풍요롭게 살 수 있는 이상적인 환경으로 가꾸자는 것이 풍수의 기본 개념이다. 이렇게만 들으면 어쩐지 복잡하고 어렵게 들려 불안해질 수 있다. 혹시 풍수에 대해 조금 아는 사람이라면 방위처럼 따져야 하는 조건이 많아 실제로 따라 하기 어렵다거나 자신의 취향대로 집을 꾸미지 못해 자칫 인테리어가 촌스러워질 수 있다는 생각에 주저하는 마음이 들지도 모르겠다.

하지만 이 책에서 소개하는 방법은 전혀 어렵지 않다. 풍수에 담긴 지혜를 이용해 더 나은 삶의 문을 열 수 있도록 필요한 지식만을 쏙 뽑아 소개할 생각이다. 물론 풍수에 방위학이 포함되기는 하지만, 이 책에서는 전혀 언급하지 않을 예정이다. 만약 앞으로 집을 사거나 이사를 할 예정이라면 방위학과 관련된 지식을 활용하는 것도 하나의 방법이 될 수 있다. 다만, 방위라는 조건만을 충족했다고 해서 모든 문제가 해결되고 일이 술술 풀리는 것은 아니다. 그 집에 사는 자기 삶의 방식이 바뀌지 않는다면 아무리 풍수적으로 좋은 입지에 살아도 인생이 좋은 방향으로 나아가지 않기 때문이다.

이 책은 '지금, 자신이 처한 환경'을 가꾸는 일에 중점을 두

풍수를 접목하면서도 '자신의 취향'에 맞는 공간으로 꾸민다

고 있다. 앞서 언급했듯이 사는 공간을 가꾸어야 '삶의 방식' 또한 긍정적으로 바뀌기 때문이다. 긍정적인 삶의 방식은 방위가 좋고 배치가 잘된 집에 사는 것보다도 우리의 삶을 더 나은 방향으로 강하게 이끈다.

마지막으로 인테리어가 촌스러워지지는 않을까 하는 점은 걱정하지 않아도 된다. 이 책에는 풍수에서 자주 쓰이는 '거북이'나 '용' 같은 아이템이 등장하지 않는다. 원래 거북이나 용을 좋아하는 사람이라면 문제없겠지만, 그다지 좋아하지도 않는 사람이 '풍수적으로 좋다고 하니까'라는 이유만으로 이런 아이템을 집에 두는 것은 오히려 역효과를 불러일으킬 수 있다.시각적인 자극이 사람에게 끼치는 영향이 실로 크기 때문이다.

이 책에도 물론 풍수적인 관점에서 '여기에는 이런 색이나 형태의 물건을 두는 것이 좋다'라는 말이 나오기는 한다. 하지만 어디까지나 내가 가장 중시하는 점은 '자신이 좋아하는 물건'을 두는 것이다. 자신의 취향에 맞게 집을 꾸미는 일이 곧 자기 삶의 방식을 긍정적으로 변화시키는 결과를 낳기 때문이다. 그렇기에 이 책에서는 '어렵고 촌스러운 풍수'가 아니라, '간단하면서도 세련된 풍수'를 이용한다. 규칙에 얽매이지도 않는다. 그러니 마음 편히 자신의 취향에 맞게 집을 자유롭게 꾸며 보자.

당신의 집이
'가장 강력한 파워 스폿'이 된다

사는 공간을 가꾸면 집에 있기만 해도 행복해진다. 물론 살다 보면 다양한 일을 겪기 마련이다. 짜증 나는 일이나 불행한 일이 일어날 때도 있을 것이다. 하지만 사는 공간을 가꿔 두면 그것만으로도 어떤 일이 닥쳤을 때 기본적인 마음 상태, 말하자면 디폴트 값이 '행복'이 된다.

집에 있기만 해도 기분이 좋기에 잠시 부정적인 상황에 빠지더라도 회복이 빨라지고, 실제로 좋은 일도 더 자주 생길 것이다. 이는 바꿔 말하면 여러분의 집이 파워 스폿이 된다는 뜻이다. 좀 더 자세히 말하면 자기 자신이 파워 스폿이 된다는 의미다. 그러면 실제로 자신뿐만 아니라 주변의 소중한 사람에게까지 좋은 영향을 끼치게 된다.

나는 캐나다 밴쿠버에 있는 자택에서 풍수 리트리트 행사를 개최할 때가 많은데, 그 자리에 참석하는 학생마다 하나같이 '여기에 오면 기분이 정말 좋아져요', '다음에 또 오고 싶어요'라는 말을 한다. 그뿐만이 아니다. 리트리트 행사에 참석한 후, 아직 자신의 공간은 미처 가꾸지 못한 사람 중에 평소에 가고 싶어 했던 곳을 간다거나 그동안 포기했던 일에 도전해 보는 등 실행력이 증가하는 사람이 많다. 그러다 보니 언제부터인가 학생들 사이에서 우리 집을 '가기만 해도 운명이 바뀌는 풍수 하우스'라고 부르게 되었다.

이런 변화가 일어나는 이유는 단지 풍수 리트리트를 들으면서 학생들의 의욕이 상승했기 때문만이 아니다. 내가 편안함을 느낄 수 있게 잘 가꿔진 공간이 주는 파동, 그리고 그곳에서 항상 기분 좋은 시간을 보내는 나의 파동이 학생들의 의식이나 감각에 작용해 긍정적인 내적 변화를 끌어냈을 것이다.

세상에는 여러 파워 스폿이 있다. 하지만 자기 집을 파워 스폿으로 바꿔 버리면 굳이 시간을 내어 각지에 있는 파워 스폿을 찾아다닐 필요가 없어진다. '등잔 밑이 어둡다'라는 말이 바로 이런 게 아닐까? 의외로 간과하기 쉽지만, 매일 자신의 본래 모습으로 편히 지낼 수 있는 공간이 우리에게 끼치는 영향은 가끔 찾아가는 그 어떤 파워 스폿보다도 크다.

역시 '그 공간에 사는 사람의 마음이 편한 것'이 제일이다. 가장 우선시해야 할 점은 여러분의 감각이다. 풍수와 관련된 지식을 적용하더라도 실제로 어딘가에 무엇을 두려 할 때는 '자신이 좋아하는 것인지', '마음이 편한지'를 기준으로 삼았으면 한다. 여러분의 취향에 맞게 통일된 공간이나 여러분의 개성이 드러난 공간은 여러분과 하나가 되어 여러분이 자신의 타고난 힘을 발휘할 수 있게 도와줄 것이다.

어번던스-
돈, 건강, 사랑이 모두 풍요로운 상태로

사실 예전의 내 삶을 되돌아보면 그야말로 제대로 되는 일이 하나도 없었다. 자신을 바꿔 보고 싶은 마음에 책도 많이 읽고 상담도 받아 보았지만, 무엇 하나 바뀌지 않았다. 하지만 풍수를 접하면서 내가 사는 공간을 가꾸기 시작하자, 그렇게나 되는 일이 하나도 없던 내 삶이 마치 거짓말처럼 술술 풀리기 시작했다.

어째서 이런 일이 일어난 걸까? 나와 마찬가지로 사는 공간을 가꾸면서 삶이 긍정적으로 바뀐 수많은 사람을 지켜봐 온 지금은 그 이유가 무엇인지 확실히 안다. 사는 공간을 가꾸면 역시 '삶의 방식'이 달라지기 때문이다.

'본래의 자신'에게 알맞은 주거 환경을 만든 결과, '자신의 본래 모습'으로 살아갈 수 있게 되기 때문이다. 그러면 평소의 행동 또한 자연스레 달라진다. 그 결과, 인생이 더 나은 방향으로 바뀐다. 이 같은 변화가 쌓이다 보면 그 끝에는 '본래의 자신이 손에 넣어야 할 진정한 풍요'가 기다리고 있다. 구체적으로는 금전적·물질적 풍요 그리고 건강·인간관계·애정의 측면에서도 충분한 만족감을 얻게 된다. 이러한 상태를 나는 '어번던스'라 부른다.

이 책에서는 사는 공간을 어떻게 가꾸는지 소개할 예정이다. 하지만 사는 공간을 가꾸는 행위는 어디까지나 출발점일 뿐, 도착점은 아니다. 너저분한 공간을 어떻게 말끔히 치울 것인가. 현관, 화장실, 부엌, 침실을 어떻게 마음 편한 공간으로 가꿀 것인가. 이런 과정 하나하나가 어번던스를 손에 넣는 여정이 될 것이다. 사는 공간을 가꾸면 더 나은 삶의 문이 열린다. 그 출발을 부디 이 책과 함께했으면 좋겠다.

Step 1

마음을 가다듬고,
지금 사는 공간에 감사한다

집은 '자신을 비추는 거울'

집 가꾸기를 통해 여러분이 꿈꾸는 미래를 성취해 나가려면 크게
세 단계가 필요하다.

○ 첫 번째 단계는 우선 자신이 처한 상황을 파악하고, 지금 사는
공간에 감사하는 것이다.

○ 두 번째 단계는 지금 자신에게 필요하지 않은 물건을 다른 사
람에게 주거나 정리하는 것이다. 많은 사람이 이 단계에서 실
패하는 듯한데, 이 책에서는 불필요한 것을 단번에 버리고 정
리하는 것이 아니라 '냉장고', '매일 여닫는 서랍' 같은 식으로
작은 공간부터 차근차근 정리해 나가는 방법을 제안한다.

○ 세 번째 단계는 불필요한 물건을 치운 공간에 지금 자신에게
정말 필요한 물건이나 자신이 좋아하는 물건을 배치하는 것이
다. 이 세 단계의 과정이 마치 '홉 스텝 앤드 점프(Hop, Step, and

Jump)'처럼 인생을 더 나은 방향으로 이끌어 갈 것이다.

그렇기에 이번 장에서는 첫 번째 단계인 '자신이 처한 상황을 파악하고, 지금 사는 공간에 감사하는 것'을 정신적인 측면에서 먼저 이야기해 보려 한다. 여러분의 방을 한번 둘러보라. 방이 깔끔하게 정돈되어 있는가? 아니면 요즘 일이 바빠 조금 어질러진 상태인가? 어쩌면 방이 항상 너저분한⋯⋯ 사람도 있을지 모르겠다.

방은 그 사람의 일상이나 성격을 드러낸다.

자신이 사는 공간이 바로 '자신을 비추는 거울'이다. 즉, 방의 상태를 보면 지금 자신의 정신 상태가 어떠한지 알 수 있다. 우선 자신의 정신 상태부터 점검해 보자.

'정리하지 못하는' 이유는
'불안감으로 가득하기' 때문

심적 여유가 있으면 틈날 때마다 정리를 척척 할 수 있다. 하지만 마음이 불안하면 '정리해야 하는데⋯⋯.'라는 생각만 할 뿐, 심적으로 여유가 없어 좀처럼 행동으로 옮기지 못한다. 그러면 '해야 하는 건 알지만, 하지 못하는' 죄책감 때문에 '이렇게 살아도 괜찮은 걸까?' 싶은 생각이 들어서 더 극심한 불안에 시달린다. 혹시 여러분도 이렇게 심적 여유가 자꾸만 줄어들어 이제는 청소도 하지 못하는…… 악순환에 빠져 있지는 않은가?

마음속에 불안감이 가득한 사람에게 바로 이런 일이 일어난다. 효과적인 정리법 가운데 하나로 '단번에 정리하기'가 있지만, 이처럼 불필요한 물건을 단번에 모두 처분하려면 상당한 에너지가 필요하다. 그렇기에 정리를 시작하는 것 자체가 쉽지 않고, 큰마음 먹고 정리를 시작해도 완벽하게 끝내지 못하는 경우가 많다. 실제로 날을 잡아 집을 정리하려 했다가 결국 물건을 거의 버리지 못하고 다시 옷장이나 벽장에 그대로 처박아 버리는 사람도 있을 것이다.

정리를 단번에 끝낼 수 있을 정도의 기운이 남아 있다면 좋겠지만, 불안이 극심한 상태에서는 정리하려는 행동 자체가 자신을 점점 더 궁지에 몰아넣을 수도 있다.

집 정리 전문가로 활동하고 있는 나조차도 '단번에 정리하는' 방법은 되도록 피하고 싶을 만큼 피곤한 일이다. 앞으로 자세히 설명하겠지만, 정리에 익숙하지 않은 사람이나 집 안에 물건이 많은 사람에게 가장 효과적인 방법은 '작은 공간'부터 정리해 나가는 것이다. 예를 들어 오늘은 냉장고, 내일은 부엌의 이쪽 서랍, 이런 식으로 정리할 곳을 정하고 조금씩 차근차근 정리해 나가는 것이다.

그렇게 하면 일단 '전부 정리해야 한다'라는 심리적인 부담감이 줄어들어 행동으로 옮기기가 쉬워진다. 그리고 정리할 공간이 작으면 실제로 들여야 하는 시간이나 노력이 적어 정리를 금세 끝마칠 수 있다. 그때마다 느끼는 '아, 해냈다!'라는 소소한 성취감이 하나둘 쌓이다 보면 정리에 대한 거부감도 사라질 것이다. 이렇게 심리적인 부담감이 해소되어 정리를 잘하게 되면 불안감도 사라진다. 불안해서 집을 정리하지 못하고, 집을 정리하지 못하니 점점 더 불안해지는 악순환을 끊어낼 수 있는 것이다. 그러다 보면 자연스레 정돈된 상태를 유지할 수 있게 된다.

나도 예전에는 불안에 시달렸다. 하지만 집을 정리할 수 있게 되자 더는 불안이 덮쳐 오지 않았다. '불안해진 데에는 분명히 어떠한 원인이 있을 것이다. 정리를 잘하게 된다고 해서 그 원인이 사라지지는 않는다.' 물론 이렇게 생각할 수도 있지만, 불안이란 대부분 실체가 없는 허상에 가깝다. 설령 불안의 원인이 있

집은 '자신을 비추는 거울'

다고 해도 집을 정리하고 마음을 가다듬다 보면 '끝 모를 불안감' 이 '해결해야 하는 과제'로 바뀌게 된다. 그러면 지속적인 불안에 시달리지 않고, 문제를 해결하기 위해 적극적으로 나설 수 있게 된다.

방이 너저분하면
생각도 너저분해진다

인간의 오감인 시각·청각·후각·미각·촉각 가운데 시각이 끼치는 영향이 무려 87%다. 즉, 인간은 주변 상황이나 환경을 감지할 때, 시각 정보에 가장 많이 의존한다. 이는 인간의 뇌가 '보이는 것'에 가장 영향을 많이 받는다는 뜻이다. 그렇기에 항상 눈에 들어오는 집 안 풍경이 너저분하면 머릿속도 자연스레 너저분해진다.

집 안 곳곳에 잡동사니가 널려 있으면 머릿속도 산만해져서 어떤 일을 결정하거나 판단을 내리기가 어려워진다.

알기 쉽게 컴퓨터를 예로 들어보자. 메모리가 작동해야 프로세서가 이를 수행한다는 점에서 컴퓨터는 인간의 뇌와 유사한 면이 있다. 컴퓨터 안에 불필요한 파일이나 앱이 잔뜩 깔려 있으면 컴퓨터의 속도가 점점 느려지지 않는가. 용량이 꽉 차 버리면 다운되기도 쉽다. 이때 불필요한 파일이나 앱을 정리하거나 삭제하면 컴퓨터가 다시 정상적으로 움직인다.

인간의 머릿속에서도 이와 비슷한 일이 일어난다. 그러므로 사고를 맑게 하려면 먼저 눈에 보이는 물건을 정리해야 한다. 이 것이 사실 가장 간단하고도 빠른 방법이다.

과거의 물건을 버리지 못하면
밝은 미래가 오지 않는다?!

물건을 처분하지 못하는 이유에는 여러 가지가 있겠지만, 그중에서도 의외로 가능성이 큰 것이 바로 '과거의 영광에 매달리기 때문'이다. '과거의 영광에 매달린다'라는 것은 달리 말하면 '현재를 살지 못하고 있다'라는 뜻이다. 그리고 현재를 살려면 지금 당장 그리고 가까운 미래에 필요하다고 알고 있는 물건을 선택해야만 한다. 과거의 영광을 상징하는 물건들에만 둘러싸여 있으면 의식이 계속 과거에 매여 있어 현재에서 미래로 나아갈 수 없게 되어 버린다.

내 지인 중 한 명을 예로 들어보겠다. 그 여성은 일본에서 캐나다 토론토로 건너와 세 아이를 키우며 전업주부로 살고 있었다. 그런데 그 집 지하실에는 비즈니스 슈트와 그에 맞는 구두, 가방이 가득했다. 사실 그녀는 일본에 있을 때, 바쁘게 일했던 직장 여성이었다. 지금의 그녀에게는 비즈니스 슈트가 필요 없다. 더군다나 토론토에서는 직장인들도 그런 비즈니스 슈트를 입지 않는다. 그런데도 그녀가 그것들을 버리지 못하고 굳이 캐나다까지 들고 온 이유는 '바쁘게 일했던 직장 여성이었던 자신의 과거를 놓고 싶지 않은' 마음이 있었기 때문일 것이다.

실제로 그녀에게 조심스레 물어보니 '사실 일을 해서 돈을 벌고 싶지만, 아이가 셋이라 도저히 무리'라는 속내를 털어놓았다. 사실은 일하고 싶기에 바쁘게 일했던 과거의 자신을 잊고 싶지 않다. 비즈니스 슈트는 그녀에게 그야말로 '빛났던 시절의 자신'을 상징하는 물건이었기에 이를 처분한다는 것은 과거의 자신을 처분하는 것이나 마찬가지였다. 심정적으로 충분히 이해가 가는 이야기이지 않은가. 어쩌면 여러분 중에도 '그러고 보니 나도…….'라며 무언가를 떠올리는 사람이 있을지도 모르겠다.

하지만 그렇게 과거에 매여 있기만 하면 현재와 미래를 적극적으로 살아갈 수가 없다. 그러다 새로운 기회를 날려 버릴지도 모른다. '사실은 일하고 싶다'라는 속마음을 마냥 부정하기만 해서는 안 된다. 오히려 그런 마음이 있다면 그쪽으로 움직이는 것이 좋으며, 그렇게 움직이다 보면 실제로 기회가 찾아오기도 한다. 그렇기에 과거의 자신을 상징하는 물건은 처분하는 편이 좋다. 지금 자신이 지닌 바람을 이루어 주는 건 과거가 아니라 현재와 미래이기 때문이다. 이런 이야기를 그녀에게 건네자 '이제 슈트도, 구두도, 가방도 전부 필요 없겠네'라며 대대적인 정리를 시작하더니 대량의 물건을 한꺼번에 처분했다.

그녀에게서 '다시 일을 시작했다'라는 소식을 전해 들은 건 그로부터 반년쯤 지나서였다. 내가 어떻게 된 일이냐고 묻자, 그녀는 과거의 영광을 상징하는 물건들을 처분한 뒤로 아이들이 학교에 가 있는 동안 할 수 있는 일을 구하기 위해 공부를 시작했다고 이야기했다. 얼마 전에 드디어 공부를 마쳐서 이제는 일과 집안일을 병행하고 있다고 말했다.

과거에 얽매여 현재를 충실히 살지 못했던 그녀가 과거의 상징을 처분하면서 '지금 내게 필요한 게 무엇인지', '지금 내가 하고 싶은 일이 무엇인지'를 고민하게 되었고, 그러한 생각을 실제 행동으로 옮기는 데 성공했다. 직장 여성이었던 과거에서 해방되어 '현재'를 살며 반짝이고 있는 그녀의 사례는 '지금, 이 순간'을 살기 위해 불필요한 물건은 처분하는 편이 오히려 밝은 미래를 여는 데에 도움이 된다는 사실을 명확히 말해 주고 있다.

물건을 쌓아둘수록
미래에 대한 불안감은 더 커진다

미래에 대한 불안감이 큰 사람일수록 물건을 쌓아두려는 경향이 있다. 거기에는 '미래에 무슨 일이 일어날지 모르니 만일에 대비해'라는 심리가 숨어 있다. 그래서 온갖 잡다한 물건을 보관해 두기 쉬우며, 뭐든지 '일단 보관해 두려고' 한다. 가까운 미래에 필요할 물건이라면 물론 보관해 두어도 상관없다. 하지만 '언젠가 쓰겠지'라며 자신의 막연한 불안감을 누그러뜨릴 목적으로 물건을 쌓아두는 것은 별로 바람직하지 않다. 그런 생각으로 보관해 두는 물건은 '불안을 형상화한 상징물'로 작용해 불안감을 한층 키울 가능성이 크기 때문이다.

'보관해 두면 안심'이라고 생각했던 물건이 사실은 불안을 더 가중하고 있는지도 모른다. 뒤집어 말하면 '언젠가 쓰기 위해' 쌓아둔 물건을 처분하기만 해도 미래에 대한 불안이 사라지는 경우가 많다. 애초에 '언젠가'라는 것은 '아직 오지 않은', '어쩌면 영원히 오지 않을'인 경우가 태반이지 않은가.

물건을 쌓아두는 사람이라면 한번 과거를 떠올려 보자. '언젠가 쓰겠지'라는 생각으로 모아두었던 물건이 실제로 필요해진 적이 과연 얼마나 있었는가? 아마 거의 없었을 것이다. 어쩌면 한 번도 없었을지도 모른다. 어쩌면 '보관해 두길 잘했네!'라고 생각한 적이 있을지도 모르지만, 그런 순간이 그리 많지는 않았을 것이다. 백 번에 한 번 있을까 말까 한 경우를 대비해 엄청나게 많은 물건을 쌓아두는 것은 오히려 미래의 가능성을 좁힐 수 있다.

미래의 일은 그 누구도 알 수 없다. 미래에 어떤 물건이 필요해질지 그 또한 알 수 없다. 무언가가 필요해지면 그때 구하면 될 일이다. 그러므로 언제 쓸지 모를(어쩌면 영원히 쓰지 않을) 물건에 얽매이지 말고, 지금 당장 필요한 물건만을 가지고 있자. 그렇게 하면 '지금 눈앞에 있는 일'을 '당장 열심히 하면 된다'고 사고하게 된다. 거기에는 불안이 끼어들 여지가 없다. '오직 지금 필요한 물건'과 함께 현재를 살아가면 미래에 대한 불안감이 지워질 것이다. 지금 자신에게 필요한 물건들에만 둘러싸인 생활은 안정감을 주어 스스로 미래를 개척해 나갈 마음의 토대를 만들어 준다.

집은 '자신을 비추는 거울'

인테리어는 색상에 따라
부정적인 영향을 끼칠 수도 있다

'방에 늘 보이는 것'은 성격에도 영향을 끼칠 때가 있다. 예를 들어 인테리어를 모노톤으로 통일하는 사람은 '자신만의 생각이 확고한 사람'인 경우가 많은데, 그런 성향이 지나치면 자칫 '완고한 성격'이 되기 쉽다고 한다. 특히 인테리어를 흰색과 검은색으로 통일하는 사람에게 그런 경향이 많이 나타나는데, 혹시 여러분 주변에도 그런 사람이 있는가?

이런 경향은 풍수적으로도 설명할 수 있다. 애초에 풍수의 바탕이 되는 음양오행에서는 흰색을 '금(金)', 즉 '광물'을 상징하는 색으로 본다. 그러므로 흑백을 사용한 모노톤 인테리어에는 흰색으로 대표되는 광물처럼 딱딱하고 완고한 성격이 반영되어 대립을 일으키기 쉬운 방이 되어 버린다.

이 책에서는 개인의 취향을 최우선으로 삼지만, 배치하는 색이나 형태에는 일정한 규칙이 있다. 모노톤을 좋아하는 사람도 그 규칙에 맞추어 포인트가 되는 색상을 넣어 보기 바란다. '색'을 조금 추가하기만 해도 공간에 '기쁨(joy)'이 더해져 상상력이 풍부해지거나 가족 간의 소통이 활발해질 것이다.

식물이 잘 자라지 않는 것은
자신에 대한 애정이 부족하다는 신호다

만약 관엽식물을 키워도 금세 말라 죽는다면 그곳에 사는 사람이 지닌 사랑의 에너지가 저하된 상태일 가능성이 있다. 풍수에서는 인간의 감정을 파동, 즉 에너지로 본다. 이러한 에너지는 다른 사람에게뿐만 아니라 식물을 포함한 모든 생물 심지어 물건에까지 영향을 끼친다고 본다. 사람에게 애정을 쏟으면 생기가 돌 듯이 식물이 건강하게 자라기 위해서도 애정, 즉 사랑의 에너지가 꼭 필요하다.

실제로 '사랑한다'라는 말을 매일 들은 식물은 쑥쑥 잘 자랐지만, '바보'라는 욕을 매일 들은 식물은 금세 말라 죽은 실험 결과도 있다. 그러니 관엽식물을 키워도 금세 말라 죽는다면 자신이 지닌 사랑의 에너지를 더 끌어올릴 필요가 있다. 그리고 사랑의 에너지를 더 끌어올리려면 우선 자기 자신에게 더 많은 사랑의 에너지를 쏟아야 한다. 식물의 생육 상태는 사실 자기 자신에게 쏟고 있는 애정을 가늠하는 척도이기도 한 것이다.

이를 보며 '나에 대한 애정이 조금 부족했을지도……'라는 사실을 깨닫고 좀 더 자신에게 애정을 쏟는다면 주변 사람들에

집은 '자신을 비추는 거울'

게도 더 많은 애정을 쏟게 될 것이다. 식물의 상태를 통해 자신의 현재 상황을 헤아려 보는 행위가 가족 관계나 파트너십, 지인이나 동료와의 관계 향상으로까지 이어지는 결과를 낳는 셈이다.

자, 이제껏 소개한 '집은 자신을 비추는 거울'이라는 이야기, 어떻게 들었는가. 인생을 더 나은 방향으로 바꾸기 위해서는 자신의 현재 상태부터 파악해야 한다. 그리고 자신의 현재 상태는 눈에 보이는 '집'이라는 형태로 여러분의 눈앞에 있다. 여러분도 먼저 자신이 사는 공간과 자신의 상태를 직시하는 것부터 시작해 보지 않겠는가.

'감사'는 자신이 사는 공간과
사랑에 빠지는 첫걸음

과거에 얽매이거나 미래를 불안해하지 말고 '지금, 이 순간'을 살기. 그리고 더 나은 미래를 개척하도록 자신이 사는 공간을 가꿔나가기. 이런 흐름을 만들려면 먼저 지금 자신이 사는 집에 감사한 마음을 가져야 한다.

집을 '정리한다'는 것은 지금 사는 집에 무언가 문제가 있다는 뜻이다. 그런 생각으로 접근하면 지금 사는 집의 단점만 온통 눈에 들어올지도 모른다. 얼른 결점을 찾아내어 고쳐야 한다는 생각이 들 수도 있다. 하지만 집을 '가꾼다'는 것은 지금 사는 공간에 대해 불만을 논한다는 의미가 아니다. 어떤 상태든 간에 지금 당신을 비바람으로부터 보호해 주고 있는 것이 바로 지금 당신이 사는 집이다. 그렇기에 집을 가꾸는 행위는 지금 사는 공간의 장점을 깨닫고, 그것에 감사하는 것에서부터 시작해야 한다.

말은 이렇게 하지만, 예전에는 나도 우리 집에 충분히 감사한 마음을 가지지 않았다. 충분히 좋은 집이었음에도 '현관이 좁은 게 마음에 들지 않아', '화장실 위치도 여기가 아니라 저쪽이었으면 좋았을 텐데'라는 식으로 자꾸만 마음에 들지 않는 부분에 시선이 갔다. 돌이켜 생각해 보면 그 무렵 나는 모든 일이 잘 풀리지 않았었다. 우리 집이 마음 편한 공간으로 바뀌고, 그에 호응이라도 하듯 좋은 일이 차례차례 일어나기 시작한 시기는 내가 우리 집의 장점을 눈여겨보고, 감사하는 마음으로 집을 가꿔 나가기 시작한 이후였다.

사람을 대하다 보면 그 사람의 단점만 눈에 들어올 때가 있다. 그러면 어느 순간 그 사람뿐만 아니라 자기 자신까지 싫어지고 만다. 집도 마찬가지다. 단점만 찾다 보면 그곳에 사는 자신이나 가족들까지도 어쩐지 싫어지는 법이다. 하지만 누구에게나 장점이 하나씩은 있듯이 어느 집에나 장점이 존재한다. 나쁜 점이 아니라 좋은 점에 초점을 맞추고 감사하는 마음을 가질 것. 이렇게 자신이 사는 공간을 사랑할 수 있게 되면 그곳에 사는 자신이나 가족들도 한층 더 사랑할 수 있게 될 것이다.

여러분의 집은 이미 여러분을 지켜 주고 있다. 여러분이나 여러분의 가족들이 지금처럼 생활할 수 있는 것도 지금의 집이라는 홈 베이스가 있기 때문이다. 그렇다면 지금 여러분이 사는 집은 이미 좋은 집, 좋은 공간이라 할 수 있지 않을까. 먼저 이런 마음가짐을 갖는 것이 중요하다.

지금 사는 집이 마음에 들지 않아 이사를 고려하는 사람이 많을 것이다. 하지만 자신이 사는 공간에 감사할 줄 아는 마음이 없으면 어디에 살더라도 또다시 마음에 들지 않는 부분을 찾아 내 불만을 토로하다 결국 더 큰 행복을 얻지 못한 채로 살아가게 될 것이다. 하지만 지금 사는 집을 감사해하면 나중에 이사할 때 도 괜찮은 집을 발견하거나 생각지도 못한 좋은 조건으로 집을 사게 되기도 한다. 마치 지금 사는 집이 다음에 살 집을 찾는 데 에 도움이라도 주려는 것처럼 말이다.

집을 가꾸는 행위는 내 삶의 방식을 긍정적으로 변화시킨 다. 이때 가장 중요한 것은 집이라는 울타리가 아니라 그 안에 사는 사람, 그 사람의 마음가짐이다. 우선 지금 자신이 사는 집 의 장점을 감사해하는 것이 마음가짐을 바로 하는 중요한 첫걸 음이 될 것이다.

'감사'는 자신이 사는 공간과 사랑에 빠지는 첫걸음

먼저 '지금, 이 순간'
마음을 충족시키는 연습

지금까지 집을 가꾸기 전에 먼저 자신이 살고 있는 집에 감사해야 하는 이유를 설명했다. 이제는 함께 실천해 보자. 그러기 위해 두 가지 간단한 연습 문제를 만들어 보았다. 이 연습을 통해 지금 살고 있는 집에 감사하는 마음이 생긴다면 여러분은 이제 자신의 집과 사랑에 빠질 준비가 끝난 것이다. 좋은 파동을 이용해 집을 가꾸는 단계에 들어갈 수 있으므로 다음 장부터 소개할 집 가꾸기 방법의 효과 또한 더 커질 것이다.

'집에서 보내는 시간' 중에
자신이 좋아하는 시간을 늘리자

여러분은 무엇을 하며 '집에서 보내는 시간'을 좋아하는가? 집 상태는 잠시 제쳐두고, 지금 사는 집에서 여러분이 좋아하는 일들을 하는 시간을 늘려 보자.

(예)

○ 독서를 좋아하는 사람……'책을 읽는 공간'을 만들고, 그곳에서 느긋하게 책 읽기

○ 목욕을 좋아하는 사람……좋아하는 향의 아로마나 향초를 피우고 목욕하기

좋아하는 일이 구체적으로 생각나지 않더라도 일단 자신을 위해 소소하게 사치를 부려보는 시간을 갖기를 추천한다. 예를 들어 집안일을 하는 도중에 잠시 느긋하게 차를 마시는 시간을 즐긴다는 식으로 말이다. 이처럼 다른 사람이 아닌, 자기 자신만을 위해 기분 좋게 보낼 수 있는 시간을 만들어 보자. 이 방법의 핵심은 '지금 사는 이 집에서 이렇게나 기분 좋은 시간을 보낼 수도 있구나'라는 사실을 실감하는 것이다. 지금 머릿속에 떠오른 일을 다음 페이지에 적고 이를 실행해 보자.

지금 사는 집에서
내가 좋아하는 일을 하며 시간을 보내는 방법

지금 사는 집에서
'마음에 드는 점'을 목록으로 만들기

지금 사는 집에 불만이 많은 사람도 이번에는 그런 단점을 모두 제쳐두고 '마음에 드는 점'을 한번 적어 보자. 자가든 임대 주택이든 집 상태에 상관없이 마음에 드는 점이 하나쯤은 있을 것이다. 이 집에 처음 이사 왔을 때, 이 집을 택하게 된 결정적 요인이 무엇이었는지 떠올려 보는 것도 좋다. 예를 들어 '창이 많아서 좋다', '현관의 타일 무늬가 마음에 든다', '부엌에 난 창문 밖으로 나무가 보인다' 등이 있을 수 있다.

되도록 집 안에서 마음에 드는 점을 찾는 게 좋지만, '집 근처에 나무가 많은 공원이 있다', '차가 적게 다녀 조용하다', '벚꽃 명소와 가깝다'처럼 주변 환경에 대한 점을 적어도 된다. 이렇게 목록을 작성하다 보면 애정을 가지고 집을 가꿔 나갈 마음이 생기기 시작한다. 바로 그 점이 중요하다.

지금 사는 집에서 '마음에 드는 점' 적어 보기

Step 2

불필요한 물건을
정리·처분한다

물건의 본래 '역할'을
생각하면……

지금부터 두 번째 단계에 들어간다. 불필요한 물건을 모두 처분해서 집에 통풍이 잘되게 하는 단계다. 먼저 말하고 싶은 점이 있다. 이 세상의 모든 존재는 저마다 '역할'을 가지고 태어나 지금, 여기에 존재한다. 이들에게는 저마다 부여받은 '기능'이 있다. 그 기능대로 쓰이는 것이 이들에게는 '역할을 완수하는 것'이 된다. 부여받은 기능을 완수한다는 것은 바꿔 말하면 그것이 지닌 본래의 재능이 발휘된다는 뜻이다. 그리고 자신이 지닌 본래의 재능을 발휘했을 때 한층 더 빛나며, 긍정적인 에너지를 내뿜는 건 비단 사람만이 아니다. 사물도 마찬가지다.

집 안에 있는 물건을 본래의 기능대로 사용해 주면 그 물건은 기뻐한다. '내가 지닌 재능이 잘 쓰이고 있어!', '내 본래의 역할을 다하고 있어!'라는 긍정적인 에너지가 집 안을 채우게 된다. 반대로 본래의 기능과 다르게 쓰이거나 존재 자체를 무시당하면 물건도 사람과 마찬가지로 슬퍼한다. 본래의 역할을 완수하지 못하는 물건이 많아질수록 집 안에 슬픈 에너지가 가득 차게 되는 것이다.

예를 들어 식탁은 사람들이 식사할 때 쓰기 위한 용도로 만들어진 물건이다. 그런데 거기에 음식이 아닌 서류 더미나 학용품 등이 널려져 있으면 식탁은 제 역할을 완수하지 못한다. 옷도 분명히 누군가가 입기 위해 만들어진 물건인데, 옷장에 내내 걸려 있기만 하면 슬퍼할 것이다. 자신의 존재를 무시당하는 꼴이 되기 때문이다. 사람도 남에게 무시당할 때 가장 괴롭지 않은가. 그러니 물건의 심정도 한번 헤아려 주자.

물건을 원래 부여받은 기능과 다르게 쓰지 않는 것이 중요하다. 만약 자신의 곁에서 제 역할을 다하지 못하고 있는 물건이 있다면 제 역할을 할 수 있는 곳으로 보내 주자. 예를 들어 앞서 예로 든 식탁의 경우, 학습용이나 업무용 책상으로 쓰지 말고 온전히 식탁으로 쓰자. 공간 활용을 위해 어쩔 수 없이 공부하거나 일할 때 써야 한다면 일을 마치자마자 바로 정리하는 습관을 들이자. 입지 않는 옷이 있다면 중고장터에 팔거나 기부하자. 그 옷이 잘 어울릴 만한 친구에게 주어도 된다. 어떻게든 제 역할을

물건의 본래 '역할'을 생각하면……

다할 수 있는 곳으로 보내는 것이 자신이 그 물건에 해 줄 수 있는 마지막 일일 것이다.

게다가 실제로 이렇게 불필요한 물건을 처분해 버리면 그 자리에 더 좋은 물건이 들어온다. 물건이 본래의 역할을 다할 수 있게 하는 것은 전혀 어려운 일이 아니다. '이 물건은 왜 생겨났을까'를 다시 생각해 보고, 원래의 쓰임새대로 써 주기. 그것이 어렵다면 처분하기. 단지 그뿐이다. 여러분도 한번 집 안을 둘러보라. 혹시 제 기능과 다르게 쓰고 있는 물건이 있지는 않은가? 만약 있다면 앞으로는 원래의 기능대로 쓰도록 하자. 제 기능을 다하지 못하고 방치된 물건은 없는가? 그런 물건이 있다면 어떤 식으로든 처분하자.

이렇게 집 안에 있는 물건을 살피고 나면 이제 다음 단계로 넘어가자. 집에 있는 물건을 되도록 소중히 써 주자. '거칠게 다뤄지면 슬퍼하는 것'은 사람이나 사물이나 마찬가지다. 생명이 깃들어 있다는 생각으로 물건을 대하면 자연스레 소중히 쓰게 될 것이다. 우선 집에 '본래의 역할을 다하고 있는 물건만' 남겨 두도록 하자. 그리고 이것들을 소중히 다루고, 잘 간직하자. 그리하여 모든 물건이 제 역할을 다하게 될수록 집 안에 긍정적인 에너지가 돌게 된다.

'물건이 많다'라는 것은
'불필요한 물건이 많다'라는 뜻

집을 정리하기가 힘든 가장 큰 이유는 물건이 지나치게 많다는 점이다. 그건 어쩔 수 없지 않냐고 생각하는 사람도 있겠지만, 사실 우리 생활에 필요한 물건은 생각보다 많지 않다. 즉 '물건이 많다'라는 것은 엄밀히 말하면 '불필요한 물건이 많다'라는 뜻이다. 물건이 산더미처럼 쌓여 있는 집은 공기가 정체된다. 불필요한 물건을 발견해 하나둘씩 처분해 나가기만 해도 공간이 여유로워져 통풍이 잘되고, 좋은 기운이 돌기 쉬워진다.

1단계에서 이야기했듯이 물건을 잘 버리지 못하는 사람은 과거의 영광에 매여 있거나 미래에 대한 불안감이 큰 사람일 수 있다. 하지만 이미 앞에서 그것이 더 나은 미래로 향하는 문을 닫고 있을 가능성이 있다고 설명한 바 있다. 그 점을 충분히 이해했다면, 집에 쌓인 물건을 과감히 처분할 수 있을 것이다. 예를 들어서 지난 2~3년간 입은 적이 없는 옷은 아마 앞으로도 입을 일이 없을 것이다. 사람에게 입혀질 목적으로 만들어졌지만, 이 집에서는 아무도 자신을 입어 주질 않는다. 그런 옷이 느끼는 슬픔의 에너지를 그대로 방치하는 것은 좋지 않다.

또 망가진 물건은 집 안에 흐르는 에너지를 정체시킨다. 마찬가지로 원래의 역할을 다하지 못하고 있기 때문이다. 필요한 물건은 수리해서 다시 사용하는 것이 좋고, 수리를 할 수 없거나 그럴 필요가 없는 물건은 처분하는 것이 좋다. 과거나 미래에 얽매이지 말고, '지금, 이 순간'을 풍요롭게 살도록, '지금, 이 순간' 내 생활에 필요하지 않은 물건은 전부 처분하자.

행동하면 그 끝에
'좋은 일'이 기다리고 있다

귀찮아서 청소나 요리 같은 집안일에 좀처럼 손이 가질 않을 때가 있다. 그럴 때는 자신을 무리하게 몰아붙이지 말고, '그 일을 하는 이유'를 먼저 생각해 보는 것이 좋다. 예를 들어 청소는 왜 할까? 물론 청소의 목적은 방을 깨끗이 하는 것이지만, 청소를 마치면 그 끝에 무엇이 기다리고 있을까. 배우자나 가족이 집에 돌아와 편안하고 기분 좋게 지낼 수 있다. 물론 자신도 포함해서 말이다. 즉, 청소라는 행동은 '방을 깨끗이 하기 위한 것'만이 아니라, '자신을 포함한 가족이나 손님이 편안하고 기분 좋게 지내기 위한 것'이라 할 수 있다.

그렇다면 요리하는 이유는 무엇인지 한번 생각해 보자. 식사는 체내 에너지 생성을 위한 영양소 섭취가 목적이지만, 단지 그 이유만이라면 요리를 굳이 하지 않아도 영양제로 보충할 수 있다. 그렇다면 요리는 왜 할까? 맛있는 음식을 맛보거나 가족들과 함께 식탁에 둘러앉기 위해, 가족들과 '이거 맛있네'라는 말을 주고받으며 대화를 즐기기 위해서가 아닐까. 즉, 요리란 식사 시간을 풍요롭게 하기 위한 것이라 할 수 있다.

이처럼 집안일은 그 자체가 목적이 아니라, 그 끝에 기다리고 있을 행복이나 기쁨을 위해 하는 것이다. 지금 집을 가꾸는 일은 조금 먼 미래의 자신에게 보내는 선물과도 같다. 그렇게 생각하면 '어디 한번 해 볼까!'라는 생각에 몸이 저절로 움직일 것이다. 심지어 '얼른 청소하고 싶다'라는 생각이 들면서 '그 끝에 기다리고 있을 광경을 어서 보고 싶다'라는 마음에 귀찮아하기는커녕 오히려 더 적극적인 자세로 임하게 될 것이다. 그런 마음가짐은 그 끝에 나타날 변화에도 영향을 끼친다.

좋은 일이
일어나지 않을 때는?

가끔 '화장실 청소를 매일 해도 좋은 일이 일어나지 않아요'라는 상담받을 때가 있다. 그런 사람들은 청소하기 싫지만 억지로 한다고 이야기한다. 이미 알고 있겠지만, 행운을 불러들이려면 '어떤 마음으로 하고 있는지'가 중요하다. 화장실의 존재에 감사해하며, 가족들이 기뻐할 모습을 상상하며, 즐거운 마음으로 청소하면 좋은 일이 찾아올 가능성이 커진다.

콧노래라도 흥얼거리면서 청소하면 그 공간에 흐르는 에너지가 긍정적으로 바뀌어 배우자나 가족들도 더 편안하고 기분 좋게 지낼 수 있기 때문이다. 또 마지못해 만드는 요리보다 즐거운 마음으로 만드는 요리가 맛도 훨씬 좋은 법이다. 즐거운 에너지를 담아 직접 만든 요리는 마음을 훈훈하게 하고, 커뮤니케이션의 윤활유 역할도 한다. 그러면 혼자 있는 시간이 더욱 풍요로워지고, 가족 간의 대화도 한층 즐거워질 것이다.

앞으로 여러분이 하려는 정리 정돈도 마찬가지다. 집을 가꾸는 목적은 무엇일까? 처음에는 귀찮게 느껴질 수 있지만, 이 모든 일은 집 가꾸기를 통해 삶의 방식을 긍정적으로 변화시켜 더 나은 미래로 향하는 문을 열기 위함이다. 실제로 주변을 잘 정리 정돈해서 자신이 좋아하는 물건만 남겨두면 눈에 띄게 스트레스가 줄어들어 기분 좋게 생활할 수 있다.

이번 장에서 소개할 방법들도 부디 그 끝에 멋진 미래가 기다리고 있다는 사실을 떠올리며 하나씩 실천해 나갔으면 한다.

특히 파동이 좋은 상태로 임할수록 그 효과는 더욱 커진다. 파동이 좋은 상태에서 한 일은 시간을 뛰어넘어 미래에까지 좋은 영향을 끼친다.

정리 정돈은
'냉장고'부터 시작하는 것이 좋다

불필요한 물건을 처분하라고 했지만, 아마 어디서부터 손을 대야 할지 엄두가 나지 않는 사람이 태반일 것이다. 그럴 때 추천하는 방법이 '냉장고 정리'다. 그 이유는 세 가지다.

첫 번째 이유는 냉장고라는 한정된 공간이 정리를 시작하기도, 끝내기도 쉽기에 '다 정리했다!', '이렇게 정리할 수 있다니!'라는 성취감을 얻기 좋기 때문이다. 이렇게 출발선을 끊고 나면 '일단 한 곳은 정리를 마쳤으니, 이제 저기를 정리해 볼까?'라는 식으로 즐겁게 집 전체를 정리하기 시작할 수 있다. 아무리 의욕이 넘쳐도 집 전체를 한 번에 정리하기란 상당히 어려운 일이다. 오히려 도중에 포기하고 말아 죄책감만 남을 수도 있다. 그러기에 '어느 한 곳'을 정해 그곳만 철저히 정리하는 것이 좋다. 그곳을 다 정리하고 나면 다시 '다른 한 곳'을 정해 그곳만 철저히 정리한다. 이런 식으로 정리를 반복하는 것이 오히려 확실한 결과를 얻을 수 있다.

두 번째 이유는 냉장고에 든 물건들이 '필요'를 판단하기 쉽기 때문이다. 옷 같은 경우는 쉽게 판단을 내리기가 어렵다. '이건 나한테 잘 어울리는 것 같은데 그냥 둘까?', '유행이 돌아오면 다시 입을지도 모르니 버리지 말까?'라는 식으로 고민하다 보면 정리가 전혀 되지 않는다. 그런 점에서 냉장고에 든 물건에는 일단 '소비기한'이라는 알기 쉬운 지표가 있다. 기한이 지난 식품을 처분할 때는 아무런 고민도 하지 않고 기계적으로 판단할 수 있다. 이와 마찬가지로 냉장고에서 상해 가는 신선식품도 처분해 버리자.

세 번째 이유는 풍수적인 맥락에서다. 냉장고는 '물'의 에너지로, '물'은 여성성을 상징한다고 알려져 있다. 여성의 경우, 냉장고를 정리하는 행동이 자신의 여성성을 가다듬어 스스로를 더욱 빛나게 하는 결과로 이어진다. 여성성을 상징한다는 의미에서 볼 때, 냉장고는 '보석함'과 같다고 생각할 수 있다. 자신을 아름답게 장식해 줄 장신구를 보관하는 상자처럼 애정을 담아 냉장고를 관리해 주자. 그러면 부부간의 금실이 좋아지고 연애운이 상승하는 효과도 기대할 수 있다.

냉장고를 한 번 정리해 두면 계속 그 상태를 유지하고 싶어질 것이다. 하지만 일이나 다른 집안일을 하느라 바쁘다 보면 다시 냉장고가 가득 찰 수도 있다. 그럴 때 결코 자신을 탓하지 말기 바란다. 바쁘다 보면 집안일을 대충하게 될 수도 있다. 물론 그것이 결코 바람직한 일은 아니지만, 이는 그만큼 당신이 일과 가정에 모두 애쓰고 있다는 증거다. '뭐가 많이 쌓였네…….'라는 생각이 들면 몇 달에 한 번, 아니 반년에 한 번이어도 좋으니, 시간이 날 때 다음 페이지에 소개하는 작업을 해 보기 바란다.

냉장고 정리하기

① 냉장고에 든 물건을 모두 꺼내 소비기한이 지난 식품, 상해 가는 음식, 일 년 이상 쓰지 않은 조미료를 처분한다.

② 평소에 사는 신선식품의 양이 적당한지 검토한다(한꺼번에 너무 많이 샀다면 다음부터는 신선한 상태에서 다 먹을 수 있는 양만 산다).

③ 냉장고 안쪽을 깨끗이 닦고, 남은 식품을 가지런히 넣는다.

④ 페트병에 담긴 식품은 깨끗이 닦은 후, 라벨이 정면을 향하게 놓는다.

⑤ 냉장고 문에 붙여 둔 자석, 달력, 광고지, 학교에서 나누어 준 프린트물은 다른 곳에 두고, 냉장고 외부도 깨끗이 닦는다.

⑥ 안팎으로 말끔해진 냉장고를 보고 '깨끗해졌네!'라고 칭찬해 준다.

냉장고는 텅 비거나 꽉 차지 않게 '최대 70% 정도를 채운 상태'를 유지하자. '손님이 사 온 케이크'를 냉장고에 바로 넣어 보관할 수 있을 정도로 여유 공간을 남겨두는 것이 좋다.

'작은 공간' 정리에
성공하는 경험을 쌓아 나간다

냉장고를 정리하는 데에 성공했다면 그다음으로는 '매일 여닫는 서랍' 정리를 추천한다. 예를 들어 매일 사용하는 주방 도구나 메이크업 도구가 든 서랍을 말끔히 정리해 보는 것이다. 매일 사용하는 서랍이 정리되어 있으면 기분이 좋을 수밖에 없다. 서랍을 여는 순간, 잘 정리된 모습이 보이면 기분이 상쾌해진다. 매일 여닫는 서랍이라 적어도 하루에 한 번은 '기분 좋은 시각적 자극'을 받을 수 있다.

게다가 필요한 물건을 한 번에 꺼낼 수 있다는 점도 기분이 좋아지는 이유 중 하나다. 필요한 물건을 꺼내기 위해 서랍을 뒤적여야 하는 스트레스도 없어질 뿐만 아니라, 물건을 찾느라 시간을 허비할 필요도 없어 시간이 절약된다. 매일 여닫는 서랍이기에 그 효과 또한 무시할 수 없는 수준이다.

서둘러 준비해야 하는 상황에서 필요한 도구가 보이지 않는다면 어떨까. '분명히 여기 넣어 두었는데……!'라고 짜증을 내다가 어떻게든 찾으면 그나마 다행이지만, 찾는 동안 올라온 짜증이 쉽게 가라앉지 않아 준비하는 과정에서도 일이 꼬여 버린다. 그러면 그 후로도 짜증이 사라지지 않아 온종일 기분이 좋지 않다……. 누구나 한 번쯤 이런 경험이 있을 것이다.

서랍을 정리하면 이런 일을 미리 방지할 수 있다. 준비하는데에 시간을 빼앗겨 짜증 내는 일이 사라지면 자연스레 집중도 잘 되고 실행력도 향상될 것이다. 나도 예전에는 메이크업 도구를 보관하는 서랍이 툭하면 엉망이 되고는 했다. 매일 쓰는 도구, 가끔 사용하는 도구, 전혀 쓰지 않는 도구(즉, 불필요한 도구)가 전부 뒤섞여 있었다. 하지만 매일 사용하는 도구만 가지런히 수납하자 그동안 종종 느꼈던 스트레스가 사라져 늘 기분 좋고 순탄하게 외출 준비를 마칠 수 있게 되었다.

게다가 남편의 속옷이나 양말을 보관하는 서랍을 정리했더니 남편의 출세운도 향상되었다. 실천해 보니 의외로 간단한 일들이었다. 하지만 그 효과는 절대적이다. 냉장고처럼 서랍도 한정된 공간이기에 이를 통해 또다시 한 곳을 '다 정리했다!', '이렇게 정리할 수 있다니!'라는 성공 경험을 얻을 수 있었다. 이러한 쾌감과 성취감을 얻으면 집 전체를 정리하는 데도 더욱 탄력이 붙을 것이다.

매일 여닫는 '서랍' 정리하기

① 서랍 안에 든 물건을 전부 꺼낸다.

② 불필요한 물건을 처분한다.

③ 가끔 사용하는 물건은 다른 서랍에 보관한다(보관할 만한 다른 공간이 없을 때는 남겨 두어도 된다).

④ 서랍을 깨끗이 닦은 후, 자주 사용하는 물건만 보기 좋게 수납한다(가장 자주 쓰는 물건을 바로 보이는 곳에 둔다).

⑤ 깔끔하게 정리된 서랍을 보고 '깔끔해졌네!'라고 칭찬해 준다.

수납공간은 최대 70% 정도까지만 채워 기운이 흐를 만한 여백을 남겨두자.

내게 정말 필요한 물건이
들어오는 이유는?

앞서 소개한 방법을 실천하다 보면 알겠지만, '우선 여기 한 곳부터', '이번에는 여기 한 곳부터'라는 식으로 하나둘씩 순서대로 정리해 나가다 보면 '정리하려는 자세'가 몸에 붙는다. 그러한 자세로 집 전체를 살피다 보면 서서히 모든 공간이 정리되기 시작한다. 이를테면 '정리 안경'을 낀 채로 주변을 둘러보게 되는 셈이다. '냉장고'와 '매일 여닫는 서랍' 두 곳을 먼저 정리하고 나면 이제 '불필요한 물건이 또 없나? 이건 처분하자', '통풍이 잘 안 되는 곳이 더 없나? 여기는 정리를 하자'라는 식으로 바뀌게 된다. 그러니 부디 이 출발선을 잘 끊기 바란다. 어느 곳을 정리하든 하는 일은 비슷하다.

1. 불필요한 물건을 처분한다.
2. 그 자리를 깨끗이 청소한다.

3. 수납공간은 꽉 차지도, 텅 비지도 않게 '최대 70%' 정도를 채운다.

4. 정리를 마친 장소를 칭찬한다.

항상 이 네 가지를 기억하면서 집 안을 차근차근 정리해 나가 보자.

정리를 시작하면 수납 용품을 더 사고 싶어지는 사람도 분명히 많을 것이다. 하지만 앞서 말했듯이 사실 우리 생활에 꼭 필요한 물건은 그리 많지 않다. 항상 '물건이 많다는 것'은 '불필요한 물건이 많다는 뜻'이라는 것을 기억하자. 그런 불필요한 물건을 담기 위해 수납 용품을 더 늘리지 말고, 물건을 처분하는 데에 집중하자.

특히 여성이 가장 정리하기 힘들어하는 곳이 바로 옷장이다. 누군가가 '옷이나 장식품을 정리하는 일은 이제껏 자신이 살아온 인생을 마주하는 것과 같다. 그만큼 어려운 일'이라고 했다는데, 정말 맞는 말이다. 그렇기에 더 간단하게 정리할 수 있는 곳, 예를 들어 화장실이나 조미료 선반 등 '필요 여부'를 비교적 쉽게 판단할 수 있는 곳부터 손을 대기 시작해서 옷장은 맨 마지막에 정리하는 편이 좋을지도 모른다.

이렇게 한 곳씩 정리하다 보면 '물건을 처분하는 과감함'이 생기게 된다. 그러면 드디어 옷이나 구두, 가방을 아까워하거나 버리는 것에 죄책감을 느끼거나 크게 집착하지 않고 '불필요하다'라는 판단을 내릴 수 있게 될 것이다. 이렇게 불필요한 물건을 처분하고 나면 그 공간에 '자신에게 정말 필요한 물건'이나 '자신이 정말 좋아하는 물건'이 들어오기 시작한다. 비워진 공간에 통풍이 잘되기 시작하면서 좋은 기운이 흘러들어와 사고력이나 판단력이 향상되기 때문이다.

자신에게 정말 필요한 물건이나 자신이 좋아하는 물건이 무엇인지 명확해지면서 그것을 끌어당기는 힘 또한 더 강해지는 것이다. 이것이 다음 단계인 세 번째 단계, 사는 공간을 가꾸는 최종 단계로 이어진다. 불필요한 물건이 모두 사라진 공간에 지금 자신에게 정말 필요한 물건이나 자신이 정말 좋아하는 물건을 배치해 나간다. 이때 물건들을 '바구아 풍수'의 이론에 맞게 배치하면 되는 것이다. 자세한 내용은 다음 장에서 설명하겠다.

'필요한 물건이나 좋아하는 물건을 구분하기 어려울 것 같다', '그런 물건을 발견하기도, 손에 넣기도 어려울 것 같다'라는 생각이 들 수도 있지만, 그런 걱정은 하지 않아도 된다. 불필요한 물건을 처분하는 과정을 제대로 거치기만 하면 '자신에게 필요한 물건', '자신이 좋아하는 물건'을 분간해내는 힘, 그런 물건을 발견하는 힘, 손에 넣는 힘이 모두 자연스레 생기게 된다. 그리하여 '불필요한 물건이 하나도 없는', '자신에게 필요한 물건과 자신이 좋아하는 물건만이 적절히 배치된' 상태로 집을 가꾸면 삶의 방식 또한 긍정적으로 바뀐다. 그러면 그때부터 더 밝은 미래가 열리기 시작할 것이다.

이번에는 집 안의
'4대 파워 스폿'을 정리해 보자

집 전체를 가꾸려면 다소 시간이 걸리겠지만, 초조해할 필요는 없다. 집 안에는 풍수적으로 특히 중요한 네 곳이 있는데, 다음으로 그 네 곳을 정리해 보길 추천한다. 그곳들을 정리하기만 해도 좋은 기운이 맴돌기 쉬워져 운이 좋아지는 효과를 기대할 수 있다. 그 네 곳은 바로 '현관', '부엌', '화장실', '침실'이다. 각 장소의 중요성과 정리할 때 기억해야 할 점 그리고 자세한 정리법을 설명해 두었으니, 순서대로 실천해 보기 바란다.

4대 파워 스폿:
현관

현관은 네 곳 중에서도 가장 중요한 파워 스폿이다. 집은 무엇보다 '그곳에 사는 사람을 지켜 주는 존재'다. 방이 깨끗하냐 아니냐를 논하기 전에 먼저 따져 봐야 하는 것이 바로 안심하고 지낼 수 있는 안전한 곳이냐 아니냐 하는 점이다. 우리는 집에서 하루를 시작하고, 직장이나 학교 같은 외부로 나가 바삐 시간을 보내다가 다시 집으로 돌아와 하루를 마무리한다. 그런 집이 안전하지 못하다면, 마음 편히 외출할 수도 없다면, 마음 편히 집에 돌아오고 싶다는 생각조차 들지 않을 것이다. 그런 안전성의 관점에서 보더라도 일단 현관부터 정리하기를 추천한다.

신던 신발을 그대로 두는 등 현관 바닥에 물건이 잔뜩 널려 있는 집이 많은데, 이건 말 그대로 위험할 수 있다. 어린 자녀나 고령자가 있는 집이라면 더욱 그렇다. 바닥에 놓인 물건에 발이 걸려 넘어져 크게 다칠 수도 있다. 현관에 두기 쉬운 아이 장난감이나 골프 백도 마찬가지다. 이런 물건은 원래 있어야 할 자리로 옮겨 두자.

풍수적인 관점에서 이야기하자면 현관은 '기운'이 지나는 길이다. 안팎을 구분하는 경계선이자 접점이기도 하다. 현관에 바람이 잘 통하지 않게 막는 장애물이 있으면 밖에서 좋은 기운이 들어오기 힘들어진다. 그렇기에 현관에는 되도록 아무것도 두지 않는 것이 좋다. 몸속에 신선한 공기를 불어 넣듯이 '현관에 바람이 잘 통하게 해서 집이 숨을 잘 쉴 수 있게 해 준다'라고 생각하면 편하다. 현관에 물건이 잔뜩 놓여 있는 사람은 일단 깊이 생각하지 말고 현관에 놓인 물건을 전부 치워 보자. 그렇게 하면 실감하겠지만, 현관에 아무것도 두지 않는 것만으로 기분이 좋아진다. 그 쾌감을 한 번 맛보고 나면 앞으로도 계속 현관을 정리하고 싶어질 것이다.

이렇게 하려면 외출할 때나 쓰레기를 버리러 갈 때마다 신발장에서 신발을 꺼내야 하지만, 익숙해지면 귀찮다는 생각이 크게 들지 않게 된다. 나갈 때나 들어올 때마다 깔끔한 현관의 모습을 한번 보라. 그러면 걸리적거리는 것 하나 없이 집을 드나들 수 있다는 사실을 실감하게 될 것이다. 그때 느껴지는 상쾌함

4대 파워 스폿: 현관

은 매번 신발을 꺼내야 하는 귀찮음을 이기고도 남는다. 여러분도 틀림없이 '정리하길 잘했다!'라는 생각이 들 것이다. 자, 이렇게 얼추 정리가 끝나면 좋은 기운을 좀 더 적극적으로 불러들이는 친근한 분위기를 내 보자.

현관이 삭막하면 친근한 분위기가 나지 않으니, 현관 앞에 귀여운 디자인의 매트를 깔자. 천에는 나쁜 기운을 흡수해 주는 효과가 있으므로 기왕이면 천 재질로 된 매트를 추천한다. 현관 매트는 정화 필터 같은 역할을 하므로 나쁜 기운이 쌓이는 성질이 있다. 그러니 잊지 말고 자주 빨자. 또 현관 안쪽뿐만 아니라 바깥쪽에도 신경을 썼으면 한다. 현관 바깥쪽에 쌓이는 쓰레기나 먼지, 낙엽 등도 마찬가지로 좋은 기운이 들어오는 것을 방해한다. 그러니 되도록 매일 닦아 청결한 상태를 유지하자.

내가 사는 캐나다를 비롯한 서양권 국가에서는 문패를 볼 일이 거의 없지만, 친근한 느낌을 주는 문패를 취향에 맞게 골라 현관에 걸어도 좋을 것이다. 그저 현관을 정리 정돈하는 것에 그치지 않고, 이처럼 따뜻한 분위기를 조성하면 현관을 통해 좋은 기운이 더 잘 들어오게 될 것이다. 물론 이는 사람에게도 같은 효과를 발휘하므로 좋은 인연이 찾아올 수도 있지 않을까?

현관 정리법

핵심

현관에는 모든 기운이 드나들기에 현관 상태가 운에 지대한 영
향을 끼친다. 현관이 지저분하거나 주변에 물건이 널려 있으면
나쁜 기운이 쌓인다. 늘 말끔히 청소해서 밝고 깨끗한 현관을
유지해 행운을 불러들이자.

행동

○ 신발장과 우산꽂이 외에는 아무것도 두지 않는다.

○ 신발은 전부 신발장에 보관했다 외출할 때 꺼낸다.

○ 우산꽂이에는 우산을 정확히 가족 인원수에 맞게 꽂아두자.

○ 친근한 느낌을 주는 문패를 둔다.

○ 현관 매트를 깐다. 면, 마, 울 같은 천연 소재로 된 차가운 색상
의 매트가 좋다.

○ 현관 앞에는 크기가 적당하고 건강한 관엽식물을 둔다.

○ 좋은 향기가 풍기도록 생화나 아로마 등을 둔다.

○ 현관을 바라봤을 때 오른쪽이나 왼쪽에 거울을 둔다. 현관문의
맞은편에 거울을 두면 기껏 들어온 좋은 기운을 튕겨 버리므로
주의한다.

○ 현관 바닥을 소금물(천일염 사용)에 담갔다가 짠 걸레로 깨끗이 닦는다.

풍수 용품인 거울은 거울에 비친 물건의 에너지를 증폭시키는 작용을 하므로 어떤 물건이 비치게 두는지가 중요하다. 현관에 두는 거울은 아름다운 그림이나 세련된 오브제가 비치는 곳에 배치하자.

이상적인
현관의 모습

구석구석까지 말끔히 청소되어 있다.

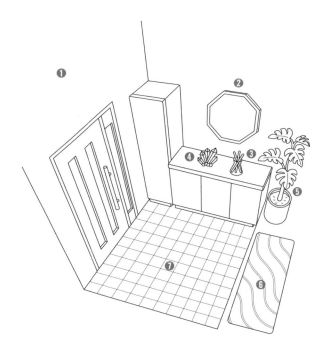

❶ 자연광이나 조명으로 밝게 한다

❷ 거울은 팔각형이 가장 좋다

❸ 좋은 향이 풍기도록 아로마 제품을 비치한다

❹ 크리스털

❺ 건강한 관엽식물

❻ 천 재질로 된 파란색이나 회색 매트(물이나 바다를 연상케 하는 디자인이 좋다)

❼ 바닥은 소금물에 담갔다가 짠 걸레로 깨끗이 닦는다

4대 파워 스폿: 현관

문제가 많은
현관의 모습

불필요한 물건이 널려 있는 현관은 운을 떨어뜨린다.

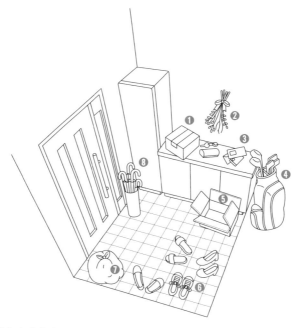

❶ 배송된 택배 박스

❷ 말린 꽃

❸ 지갑, 열쇠, 우편물

❹ 레저용품

❺ 분리수거하려고 쌓아둔 박스

❻ 신발장에 넣지 않은 신발들

❼ 잠시 놓아둔 쓰레기봉투

❽ 가족 인원수보다 많이 꽂혀 있는 우산

4대 파워 스폿:
부엌

부엌은 음식을 요리하는 곳이다. 그리고 식사는 우리의 심신 건강에 꼭 필요하다. 그렇게나 중요한 음식을 만드는 곳인 부엌은 자신과 가족의 심신을 발달시키고 지키기 위한 곳이다. 인간의 에너지와 깊은 관련이 있는 곳이라고도 할 수 있다. 그러니 그만큼 빨리 정리하는 편이 좋다.

풍수적으로 보자면 부엌은 '물'의 에너지가 흐르는 곳이다. 실제로 물이 흐르는 수도뿐만 아니라, 냉장고도 '물'의 에너지를 띠고 있다. '물'의 에너지는 '돈'을 상징하므로 맑은 '물'의 에너지가 흐르는 집은 돈이 잘 돌게 된다고 알려져 있다. 즉, 부엌은 금전운이 좋아지는 파워 스폿이라고도 할 수 있다.

게다가 부엌은 '불'을 쓰는 곳이기도 하다. 가스레인지도 '불'

이며, 인덕션이나 전자레인지도 '불'의 에너지를 띤다. '불'의 에너지는 꿈이나 목표 달성에 관여하기 때문에 부엌은 성공운이 좋아지는 파워 스폿이기도 하다. 다만 '물'과 '불'이 상반된 에너지라는 점에 주의할 필요가 있다. 물과 불의 장점을 모두 누리려면 이들이 직접 닿아 서로 대립하지 않도록 해야 한다.

부엌 정리법

핵심

집의 전반적인 운에 관여하는 부엌은 무엇보다 청결을 유지해야 한다. 부엌은 '물'과 '불'이라는 상반된 에너지가 공존하는 곳이므로 이들의 관계를 중화시킬 수 있는 '나무'의 에너지를 집어넣는 것이 좋다.

행동

○ '불'에 해당하는 가스레인지 '물'에 해당하는 싱크대 사이에 작은 관엽식물이나 허브를 둔다. 관엽식물 등을 둘 수 없는 경우에는 녹색 주방용품을 둔다(주방 수건이나 주방 매트 등도 괜찮다).

○ '물'인 냉장고 위에 '불'인 전자레인지를 두지 않는다→어쩔 수 없이 두어야 할 때는 양쪽을 중화시킬 '나무'의 에너지를 띠는 목제 보드를 전자레인지 밑에 깐다.

○ 식칼 종류는 눈에 잘 띄지 않는 장소에 보관한다(칼처럼 위험한 물건이 잘 보이면 싸움이 일어나기 쉬우므로).

○ 조리대는 되도록 아무것도 올려 두지 않고 깨끗한 상태를 유지한다.

○ 항상 청결을 유지하고, 특히 싱크대와 가스레인지는 자주 청소한다.

○ 더러워진 식기는 쌓아두지 말고 식사를 마치자마자 설거지해서 정리한다.

○ 쓰레기통은 쓰레기의 악취나 나쁜 기운이 밖으로 새어 나오지 않도록 뚜껑이 달린 제품을 사용한다.

○ 금이 가거나 깨진 식기는 당장 처분한다.

○ 냉장고에는 자석 등을 붙이지 않고, 내부를 가지런히 정리 정돈한다.

이상적인
부엌의 모습

자주 청소해서 항상 청결한 상태를 유지한다.

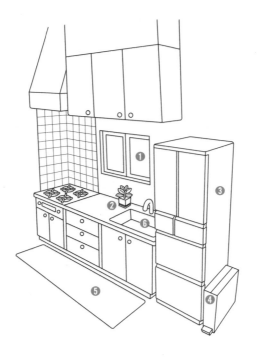

❶ 창이 있는 것이 좋다.

❷ 싱크대와 가스레인지 사이에 작은 식물이나 녹색 혹은 갈색 물건을 둔다.

❸ 아무것도 붙이지 않는다. 내부도 보기 좋게 정리한다.

❹ 뚜껑이 달린 쓰레기통

❺ 주방 매트는 녹색이나 갈색을 추천

❻ 사용한 식기는 곧바로 설거지해서 정리한다.
　 깨지거나 금이 간 식기는 당장 처분한다.

문제가 많은
부엌의 모습

밖에 나와 있는 물건을 모두 정리하자.

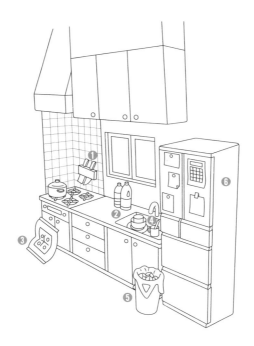

❶ 칼이 밖에 나와 있다.

❷ 사용한 조리도구나 조미료통이 그대로 널려 있다.

❸ 바닥에 늘어놓은 식자재

❹ 설거짓거리와 음식물 쓰레기 방치

❺ 뚜껑이 없는 쓰레기통

❻ 수많은 메모지와 자석

4대 파워 스폿:
화장실

화장실은 배설하는 곳이다. 건강한 몸을 유지하려면 '잘 넣는(먹는) 것'만큼이나 '잘 내보내는(배설하는) 것'이 중요하다. 몸에 쌓인 것을 제대로 내보내지 못하면 몸뿐만 아니라 마음에까지 악영향을 끼친다. 부엌과 화장실은 상반된 기능을 하는 곳이지만, 사람의 심신과 건강에 크게 관여하는 곳이라는 점에서는 본질적으로 같다고 할 수 있다.

게다가 '물'이 흐르는 곳, 즉 금전운이 좋아지는 파워 스폿이라는 공통점도 있다. 가끔 성공한 사업가가 아침마다 화장실을 직접 윤기 나게 닦는다는 의외의 이야기를 해서 화제가 될 때가 있는데, 이는 풍수적으로 보았을 때 매우 이치에 맞는 행동이다.

화장실은 날마다 더러워지기 쉬운 장소이니만큼 매일 깨끗이 닦자. 가령 화장실을 사람이라 생각해 보면 어떨까. 당연히 더러워진 채로 방치되고 싶지 않을 것이다. 매일 샤워를 하며 몸을 청결히 유지하고 싶지 않겠는가. 그렇게 생각하면 화장실을 매일 청소해 주고 싶어질 것이다. 아무리 바빠도 걸레로 닦는 청소 정도는 몇 분 만에 끝낼 수 있다. 오히려 오래 방치되어 심하게 더러워진 화장실을 한 번에 깨끗이 청소하는 게 훨씬 어렵다. 강력한 세제나 솔 등을 사들여야 하고, 시간도 오래 걸린다. 그러다 보면 점점 청소하기가 귀찮아진다. 연말 대청소 등을 하다 이를 뼈저리게 느끼는 사람도 많을 것이다.

게다가 더러워진 모습을 매일 보고 있자면 기분까지 우울해진다. 아주 조금 더러워진 곳을 매일 약간의 시간을 들여 청결히 유지하는 것. 오히려 그편이 부담도 적고, 하루하루를 기분 좋게 보낼 수 있다. 이렇게 화장실을 정리하면 금전운과 함께 사고력과 실행력까지 향상되어 자신이 지닌 본래의 재능을 크게 꽃피우게 되는 경우도 많다.

화장실 정리법

핵심

화장실의 신이 기뻐할 만큼 운이 트이는 화장실을 만들자. 화장실은 배설하는 장소이므로 편안하게 배설할 수 있는 공간으로 꾸민다. 그리고 화장실의 물은 아래로 흐르기 때문에 아래로 흐르는 에너지를 중화시킬 수 있도록 위로 향하는 에너지를 집어넣기를 추천한다. 물은 돈을 상징하므로 균형이 맞지 않으면 쓸데없는 지출이나 계획에 없던 지출이 늘어나 돈이 술술 빠져나갈 가능성이 있다.

행동

○ 매일 청소한다.

○ 화장실 매트, 슬리퍼는 녹색이나 갈색 제품을 고른다.

○ 초(캔들)를 둔다(위로 향하는 에너지).

○ 위로 자라는 관엽식물을 둔다(담쟁이덩굴처럼 아래로 늘어지는 식물은 피한다).

○ 좋은 향기가 풍기도록 아로마 제품이나 생화 등을 둔다.

○ 창문을 열거나 환풍기를 돌려 늘 환기한다.

○ 화장실 문은 항상 닫아 둔다.

- 변기 뚜껑은 열어두지 말고, 닫은 상태에서 물을 내린다.

- 정신이 산만해지지 않도록 화장실 벽이나 문에 달력을 걸지 않는다.

- 잡지나 책 등을 두지 않는다. 스마트폰을 들고 들어가지 않는다.

이상적인
화장실의 모습

매일 청소하는 습관이 인생을 바꾼다!

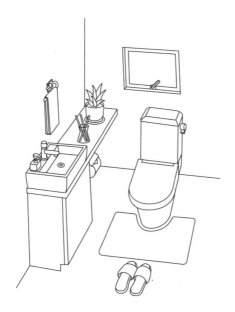

❶ 위로 자라는 작은 관엽식물

❷ 좋은 향이 풍기도록 아로마 제품을 놓는다.

❸ 깨끗한 수건

❹ 반짝이는 세면대

❺ 화장실 전용 슬리퍼

❻ 매트나 슬리퍼는 녹색이나 갈색 제품을 추천한다.
　일주일에 한 번 정도 빠는 것이 좋다.

❼ 변기 뚜껑은 덮어 둔다.

❽ 창문을 열어 환기한다(창이 없을 때는 환풍기를 종일 돌린다).

문제가 많은
화장실의 모습

조명이 어둡고, 습기나 악취가 제거되지 않는 것도 문제다.

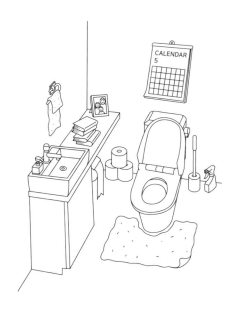

❶ 바닥에 쌓아둔 여분의 화장지

❷ 달력 등이 벽에 걸려 있다.

❸ 청소도구가 그대로 나와 있다.

❹ 변기 뚜껑이 열려 있다.

❺ 낡은 매트.

❻ 화장실 전용 슬리퍼가 없다.

❼ 더러운 세면대

❽ 오래 사용해서 낡은 수건

❾ 가족사진이나 잡지, 신문이 놓여 있다.

4대 파워 스폿:
침실

침실은 밤에 잠자는 곳이다. 몸과 마음 그리고 머리를 충분히 쉬게 해서 재충전을 하는 장소다. 밤에 양질의 수면을 충분히 취하지 못하면 다음 날에도 피곤함이 남아 건강하게 활동할 수가 없다. 즉, 부엌이나 화장실처럼 침실도 심신의 건강에 관여하는 곳이라 말할 수 있는데, 중요한 이유는 그것뿐만이 아니다.

사실 인간의 잠재의식이 가장 활짝 열려 있을 때가 바로 수면 중이다. 깨어 있는 동안에는 표면 의식에 지배받지만, 잠들어 있는 동안에는 표면 의식이 작동하지 않는다. 이는 즉, 의식이 무방비한 상태라는 의미인 동시에 표면 의식의 지배로부터 해방된 잠재 능력이 싹트기 쉬운 상태라고도 말할 수 있다. 충분히 숙면할 수 있는 환경을 조성하는 일, 무방비한 잠재의식을 지킬 수 있는 환경을 조성하는 일이 사실은 내 안에 잠들어 있는 뛰어난 능력을 발휘하는 일로 이어질 수 있는 것이다. 또 부부 침실은 배우자와의 사랑을 키워나가는 중요한 공간이므로 부부관계를 개선하고 싶을 때는 침실 공간을 다시 점검해 보자.

침실 정리법

핵심

침실은 숙면하고 피로를 푸는 장소다. 심신을 재충전해 다음 날 활기찬 에너지를 발산하려면 침실에 오직 수면과 관련된 물건만을 두는 것이 좋다.

행동

○ 침대 밑에는 아무것도 두지 않는다. 공간이 협소해서 물건을 보관해야 한다면 계절이 지난 침구 등 수면과 관련 있는 물건을 수납하자.

○ 침대는 침실 안쪽에 머리가, 방문 쪽에 다리가 오게 배치한다.

○ 침대는 원목 프레임에 헤드 보드가 있는 제품이 제일 좋다. 철제 프레임 침대는 피하자.

○ 침대 커버나 시트는 촉감이 좋은 천연 소재(면, 대나무, 실크 등)로 된 제품 중에 무늬가 마음에 드는 것을 사용한다.

○ 피부에 직접 닿는 잠옷은 그만큼 영향을 많이 끼치므로 촉감이 좋은 소재의 제품을 선택한다.

○ 침실에 거울이 있을 때는 자는 모습이 거울에 비치지 않게 설치한다.

○ 텔레비전이나 컴퓨터를 두지 않는다. 공간이 협소해 어쩔 수 없이 두어야 할 때는 자기 전에 완전히 끄고, 모니터를 자신이 좋아하는 그림이나 무늬가 든 천으로 덮어서 그림이나 벽지처럼 보이게 한다.

○ 잠들 때 방해가 되지 않도록 스마트폰이나 태블릿을 침실에 들고 들어가지 않는다.

○ 침실에 책장을 두지 않는다.

○ 자기 전에 책을 읽고 싶다면 취미와 관련된 실용서나 자기계발서처럼 내용이 가벼운 책을 고른다.

이상적인
침실의 모습

침실의 주역은 침대다. 마음 편히 잘 수 있는 단출한 공간으로 만들자.

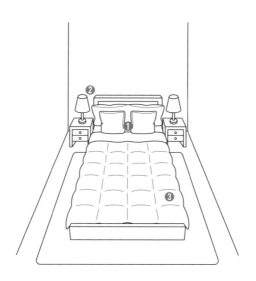

❶ 쿠션 두 개는 같은 색으로 통일한다.

❷ 부부 침실이나 연인을 사귀고 싶어 하는 사람의 침실에는
　한 쌍의 물건을 좌우 대칭으로 둔다.

❸ 아침에 일어나자마자 침구를 정리해 활동 모드로 전환한다
　(침대를 쓰지 않는 사람은 이불을 벽장에 넣는다).

　　　　　　　　　　　　　　　4대 파워 스폿: 침실

문제가 많은
침실의 모습

인형이나 옷을 싹 정리해 깔끔한 상태를 유지하자.

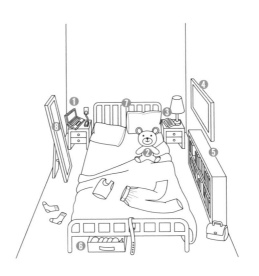

❶ 노트북이나 스마트폰 같은 전자제품이 있다
　(스마트폰을 알람시계 대신 사용하는 것도 좋지 않다).

❷ 인형이 많다.

❸ 업무 자료 등이 쌓여 있다.

❹ 텔레비전이 있다.

❺ 책이 가득하다.

❻ 침대 밑에 침구가 아닌 다른 물건들을 수납한다.

❼ 철제 프레임 침대

❽ 잠자는 모습이 비치는 거울

침대의 위치도
중요하다

침대는 되도록 방문에서 떨어진 곳에 두자.

가능하다면 벽과 침대 측면이 직접 닿지 않도록 하는 것이 좋다.

이상적인 배치

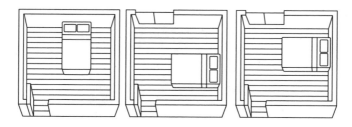

문제가 있는 배치

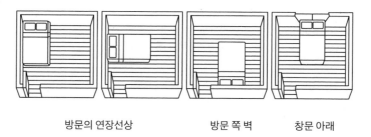

방문의 연장선상   방문 쪽 벽   창문 아래

Step 3

'바구아 풍수'를 이용해
집을 파워 스폿으로 만든다

바구아 풍수는
방위를 신경 쓰지 않아도 된다

자, 지금까지 첫 번째 단계인 '우선 자신이 처한 상황을 파악하고, 지금 사는 공간에 감사할 것'과 두 번째 단계인 '불필요한 물건을 처분할 것(파워 스폿인 공간을 정리할 것)'을 밟아 왔다. 지금부터는 드디어 풍수의 진수라고도 할 수 있는 '집 안에서 만물이 균형을 이루는' 단계로 넘어가 보겠다. 여러분이 사는 집을 여러분과 일심동체인 파워 스폿이자 여러분의 타고난 재능이 빛나도록 든든하게 지원해 줄 그런 집으로 가꾸는 마지막 단계다.

그 전에 이 책에서 사용하는 '바구아 풍수'에 대해 잠시 설명해 보려고 한다. 풍수는 역사적으로 권력자의 것이었다. 풍수의 효과가 매우 뛰어났기에 권력자에게는 늘 그들을 위한 풍수사가 존재했다. 그렇기에 풍수와 관련된 지식은 권력자가 독점하고 있어 일반 서민에게는 거의 알려지지 않았다. 또 음양오행설

에 바탕을 둔 풍수 이론은 매우 난해하여 이를 도입하려면 풍수
사의 도움이 꼭 필요하다. 더군다나 풍수에는 방위가 크게 관여
하고 있기에 풍수적으로 이상적인 집을 가지기란 상당히 어렵
기도 했다.

예를 들어 풍수적으로 파동이 좋다고 알려진 입지는 당연
히 비싸다. 왜냐하면 '이런 조건의 땅에 살면 일이 술술 잘 풀린
다'라는 사실을 경험적으로 알고 있기 때문이다. 이런 점에서도
풍수가 단순한 미신이 아니라 통계학에 바탕을 두고 있다는 사
실을 알 수 있다. 실제로 내가 사는 캐나다 밴쿠버에서도 풍수적
으로 좋은 땅은 으레 고급 주택지가 조성되어 있다.

즉, 일반 서민은 풍수적인 조건이 맞는 땅에 살기가 현실적
으로 어려운 것이다. 이런 높은 장벽을 해결하고자 1980년대에
그랜드마스터 린(Grandmaster Lin)이라는 풍수사가 서양에 소개
한 방법이 바로 'BTB 풍수(Black Sect Tantric Buddhism Feng Shui)'
였다. 'BTB 풍수'는 전통적인 풍수의 지혜를 도입한 '바구아 지
도'를 이용해 방위 자석을 사용하지 않고도 누구나 실천할 수 있
는 형태로 진화한 풍수다.

린 씨는 대만 출신으로, 풍수학과 환경 디자인학, 도교를 계

승 중이었다. 그는 오랫동안 권력자의 소유물이었던 풍수를 본국에서 일반 서민에게 전파하다가 다른 풍수사에게 큰 반감을 사고 말았다. 그래서 린 씨는 미국으로 건너가 'BTB 풍수'를 널리 알리기 시작했다. 그것이 이후 '바구아 풍수', '모던 풍수', '컨템퍼러리 풍수'라는 명칭 등으로 미국을 비롯한 유럽 전역에 널리 퍼져나갔다. 그때부터 바구아 풍수는 '유럽 풍수'라고도 불리고 있다. 이제는 중국으로 역수입될 정도로 이를 받아들이는 사람이 많다고 한다.

바구아 지도를 이용해
물건을 배치하기만 하면 끝!

바구아 풍수에서 사용하는 도구는 집 안을 아홉 가지 에너지 구역으로 나눈 '바구아 지도'다. 쉽게 말하면 '집의 에너지 지도'라 할 수 있다. 원래 풍수사가 감정에 사용하는 '팔괘'에서는 모든 기반이 되는 중심 구역을 둘러싸는 형태로 여덟 가지의 구역이 배치되어 있다.

풍수 바구아 지도

집의 아홉 가지 에너지 구역

△ 불(火)

AREA 3 부 & 풍요	**AREA 4** 명성 & 인기	**AREA 5** 사랑 & 파트너십
AREA 2 가족	**AREA 1** 건강	**AREA 6** 창의성 & 자녀 성장
AREA 9 내적 성장	**AREA 8** 일 & 성공	**AREA 7** 귀인 & 여행

□ 나무(木)

○ 금(金)

||| 물(水)

현관

각 구역의 핵심 & 조언

	구역	핵심 & 조언	자세한 내용
①		**건강** 심신 상태가 좋지 못할 때는 이 구역을 개선해 보기 바란다. 통풍이 잘되는 상쾌한 공간으로 만들자!	126쪽 참조
②		**가족** 가족을 포함한 인간관계에 문제가 있을 때는 이 구역을 정리해 보자. 가족이 모이는 공간이자 조상을 모시는 공간으로 사용하기 적절한 곳이다.	128쪽 참조
③		**부&풍요** 경제적으로 힘들 때는 이 구역을 정리하기를 추천한다. 고급스러운 분위기가 나는 공간으로 가꾸자.	130쪽 참조
④		**명성&인기** 비판이나 따돌림을 받고 있을 때는 이 구역을 정리하자. 자신이 되고 싶은 모습을 이곳에 꾸며 본다!	132쪽 참조
⑤		**사랑&파트너십** 연인이나 부부 사이에 문제가 생겼을 때는 이 구역을 점검해 보자. 사랑을 나타내는 물건을 두어 따뜻한 분위기를 연출하자.	134쪽 참조
⑥		**창의성&자녀성장** 부모 자식 관계나 자녀의 성장에서 해결해야 할 일이 있을 때는 이 구역을 정리해 보자. 예술품 등을 장식해 창의적인 공간으로 꾸미자.	136쪽 참조
⑦		**귀인&여행** 주변의 협력을 얻지 못하거나 고독감을 느낄 때는 이 구역을 의식적으로 살펴보자. 여행이나 시간과 관련이 있는 물건, 자신에게 도움을 줄 물건을 이곳에 두자!	138쪽 참조

바구아 지도를 이용해 물건을 배치하기만 하면 끝!

⑧		일&성공 자신이 하는 일에 만족하지 못하거나 일자리를 구하지 못하고 있을 때는 이 구역을 정리해 보자. 흐르는 물이 연상되는 소품을 가져다 놓자!	140쪽 참조
⑨		내적 성장 집중력이 떨어지고 자꾸 산만해질 때는 이 구역에 신경을 써 보기를 추천한다. 공부방으로 사용하거나 셀프 리트리트를 하기에 적합한 공간이다.	142쪽 참조

앞으로 여러분이 도입하게 될 바구아 풍수는 이 바구아 지도(Bagua Map)에 맞게 구역마다 적합한 물건을 배치하는 것이다. 매우 쉽고 간단하다. 앞서 풍수란 '집 안에서 만물이 균형을 이루는 것'이라고 이야기한 바 있다. 바구아 지도의 아홉 가지 구역에는 저마다 의미가 있기에 그 공간에 적용하면 좋은 색상이나 형태가 정해져 있다.

아홉 가지 구역을 구석구석까지 세심하게 신경 쓰며, 각 공간에 적합한 색상이나 형태의 물건을 들여놓다 보면 차츰 '집 안에서 만물이 균형을 이루기' 시작한다. 또 결혼 상대를 찾는 사람은 '사랑의 구역'을 특히 신경 써서 꾸미는 등 자신이 끌어올리고 싶은 운을 상징하는 구역을 중점적으로 정리하는 방법도 추천한다. 모든 구역을 단번에 정리하기란 시간적으로나 물리적으로 어려우니 특히 효과를 얻고 싶은 구역부터 가꾸기 시작하자.

바구아 풍수는 집의 방향이나 방의 개수와도 관련이 없으므로 어느 집에나 적용할 수 있다. 예를 들어 원룸에 살더라도 이를 아홉 가지 구역으로 나누어 그에 맞는 색상이나 형태를 도입하면 바구아 풍수를 실천하는 것이 된다. 바구아 지도만 있으면 풍수 전문가의 도움을 받을 필요도 없다. 돈을 들이지 않고도 자신의 취향에 맞추어 집을 파워 스폿으로 바꿔 나갈 수 있는 것이다.

바구아 지도를 이용해 물건을 배치하기만 하면 끝!

바구아 지도를
적용하는 방법

① 바구아 지도의 문 마크를 자신의 집 현관에 맞춰 본다.

② 가로 세로를 삼등분하여 집 전체를 아홉 가지 구역으로
　　나눈다.

③ 각 구역에 적합한 아이템·색상·형태 등을 적용한다.

*　여러분이 봤을 때 행복한 기분이 드는 것을 선택하자.

방이 세 개인
대면형 주방 구조

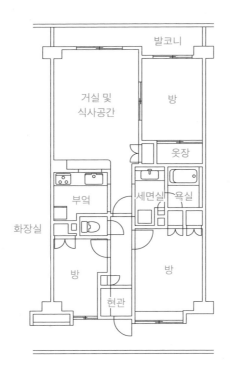

발코니

거실 및
식사공간

방

옷장

부엌

세면실 욕실

화장실

방

방

현관

바구아 지도를 적용하는 방법

바구아 지도를
적용하면…

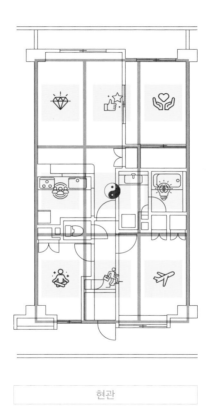

현관

2층 주택의 경우

(2층)

발코니

방

서재

방

옷장

화장실

(1층)

부엌

거실 및 식사공간

벽장

방

벽장

팬트리

복도

욕실

세면실

현관

수납공간

화장실

바구아 지도를 적용하는 방법

바구아 지도를
적용하면…

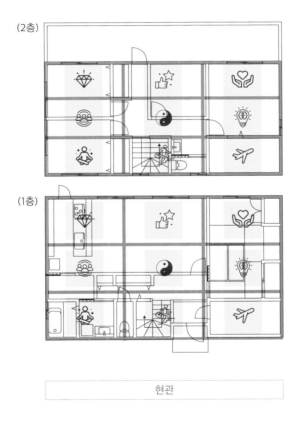

(2층)

(1층)

현관

원룸의 경우

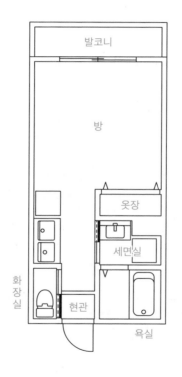

발코니

방

옷장

세면실

화장실

현관

욕실

바구아 지도를 적용하는 방법

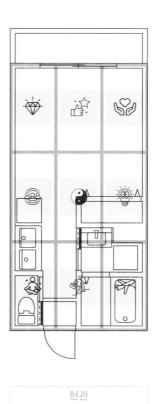

현관

참고로 바구아 풍수는 구역별로 사용하면 좋은 색상이나 형태가 있지만, 이는 어느 정도 일치하기만 하면 충분하다. 방 구조는 집마다 다를 수밖에 없다. 예를 들어 '색상은 녹색이나 파란색', '형태는 직사각형이나 원기둥꼴'이라고 정해진 구역이 마침 테이블을 놓을 장소에 해당한다면 다음과 같은 방법을 생각해 볼 수 있다.

직사각형 모양의 원목 테이블을 놓고, 거기에 녹색이나 파란색 테이블보를 깐다. 만약 집에 테이블이 이미 있다면 녹색이나 파란색을 띠는 직사각형이나 원기둥꼴의 목제 오브제를 두는 방법도 있다. 이처럼 바구아 풍수는 일정한 규칙이 있기는 하지만, 개인의 취향에 맞게 활용할 수 있는 범위가 넓어서 규칙에서 꽤 자유로운 편이다.

기본적으로 자신이 좋아하는 물건을 둘 것. 여기에 바구아 풍수의 지식을 함께 적용해 실천해 나가는 느낌이다. 이러한 점을 기억해 두면 규칙에 얽매인다는 느낌을 받지 않고 즐겁게 공간을 꾸밀 수 있다. 그렇다면 이제 실제로 바구아 지도에 맞게 공간을 가꾸는 방법을 살펴보자.

건강 구역

집의 정중앙은 그곳에 사는 사람의 삶을 좌우하는 핵심 요소인 '심신 건강 및 그라운딩(grounding, 지구 표면과 우리 몸을 연결하는 것으로, 흙길이나 숲길, 모래사장 등을 맨발로 걸으면서 흙을 밟으면 심신 건강에 도움이 된다는 주장이 있다-역주)'과 관련된 구역이다.

이곳은 삶의 기반이나 행복에 큰 영향을 끼친다. 그러니 안정을 상징하는 '흙'의 에너지를 불어넣어 보자. 이 구역이 너저분해져 있으면 삶이 정체되어 버린다. 그러니 되도록 물건을 놓지 말고, 항상 바람이 잘 통하게 두는 것이 이상적이다. 특히 큰 가구는 놓지 않도록 하자.

	△ 불(火)	
AREA 3 부&풍요	AREA 4 명성&인기	AREA 5 사랑&파트너십
AREA 2 가족	AREA 1 건강	AREA 6 창의성&자녀 성장
AREA 9 내적 성장	AREA 8 일&성공	AREA 7 귀인&여행

□ 나무(木)　　　　　　　　○ 금(金)

||| 물(水)

현관

핵심

색상······ 노란색, 갈색, 베이지색 등의 흙(earth) 컬러(대지를 연

상시키는 브라운 계열의 색-역주)

형태······ 사각형, 상자 모양

아이템······ 도자기나 토기, 테라코타, 타일, 관엽식물

아로마······ 레몬, 자몽, 진저, 시나몬, 오레가노

크리스털······ 호안석(tiger's-eye), 연수정(smoky quartz)

아이템의 예

❶ 흙 컬러의 사각 쿠션
❷ 도자기, 토기
❸ 사각 원목 테이블
❹ 관엽 식물

가족 구역

이곳은 가족뿐만 아니라, 커뮤니티와도 관련이 있는 구역이다. 멀리 떨어져 있는 가족이나 친인척, 조상, 반려동물을 모두 포함한 '가족과의 유대감'과 관련된 곳으로, 가족을 상징하는 '나무'의 에너지를 불어넣어 보자.

또 동기나 직장 동료, 커뮤니티 사람들과 좋은 인연을 맺을 수 있게 돕는 중요한 장소이기도 하다. 이곳이 지저분해져 있으면 인간관계에 불화가 생긴다. 목제나 자연소재를 이용한 가구나 소품을 두어 편안하게 쉴 수 있는 공간으로 만드는 것이 좋다. 뾰족하고 날카로운 물건은 두지 않도록 하자.

△ 불(火)

AREA 3 부&풍요	AREA 4 명성&인기	AREA 5 사랑&파트너십
AREA 2 가족	AREA 1 건강	AREA 6 창의성&자녀 성장
AREA 9 내적 성장	AREA 8 일&성공	AREA 7 귀인&여행

□ 나무(木)　　　　　　　　　　　　　　　　○ 금(金)

||| 물(水)

현관

바구아 지도를 적용하는 방법

색상······ 녹색, 파란색

형태······ 직사각형, 원기둥꼴

아이템······ 가족사진, 나무의 이미지가 들어간 사진이나 그림,

목제로 된 소품, 관엽식물

아로마······ 라벤더, 페퍼민트, 오렌지, 진저

크리스털······ 그린 쿼츠(green quartz), 페리도트(peridot)

아이템의 예

❶ 벤저민처럼 잎이 많은 관엽식물
❷ 원기둥꼴 화분
❸ 가족사진
❹ 원형 원목 테이블

부&풍요 구역

이곳은 재물운이나 수입, 기회 등 '풍요를 느끼는 것'과 관련이 있는 구역이다. 물질적인 풍요뿐만 아니라 감사한 마음처럼 눈에 보이지 않는 정신적인 풍요에도 관여한다. 이곳에 돈을 상징하기도 하는 맑은 '물'과 '바람'의 에너지를 불어넣어 보자.

이 구역이 너저분해져 있으면 금전 문제가 발생하거나 불필요한 지출이 늘어난다. 질 좋은 물건과 부를 상징하는 소품을 두어 재물을 끌어들이자.

	△ 불(火)	
AREA 3 부&풍요	AREA 4 명성&인기	AREA 5 사랑&파트너십
AREA 2 가족	AREA 1 건강	AREA 6 창의성&자녀 성장
AREA 9 내적 성장	AREA 8 일&성공	AREA 7 귀인&여행

□ 나무(木)　　　　　○ 금(金)

||| 물(水)

현관

핵심

색상⋯⋯ 보라색, 금색, 빨간색, 녹색

형태⋯⋯ 직사각형, 피라미드형

아이템⋯⋯ 분수, 수조, 꽃, 꽃병, 식물(잎이 둥근 식물이나 대나무), 소리가 나는 물건(종, 벨, 풍경, 텔레비전, 스테레오 스피커 등), 조명, 자신에게 '풍요'를 상징하는 물건

아로마⋯⋯ 오렌지, 프랑킨센스, 제라늄, 시나몬, 진저

크리스털⋯⋯ 자수정(amethyst), 황수정(citrine), 비취(jade)

아이템의 예

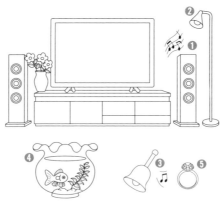

❶ 소리가 나는 물건
❷ 조명
❸ 소리가 나는 물건
❹ 물과 관련된 물건
❺ 자신에게 풍요를 상징하는 물건

명성 & 인기 구역

'명성, 인기운, 평판, 출세, 꿈의 실현, 목표 달성'과 관련된 구역이다. 당신은 어떤 사람이 되고 싶은가? 다른 사람들이 당신을 어떻게 평가하고 있는가? 이곳은 자신에 대한 셀프 이미지를 만드는 데에 매우 중요한 공간이다. 위로 향하는 '불'의 에너지를 불어넣고, 물의 에너지를 피하도록 하자.

   * 주의! 이 구역의 포인트 색인 '빨간색'은 매우 강력한 힘을 지니므로, 너무 과하게 사용하지 말고 다른 물건과 조화를 이루게 배치하자.

△ 불(火)

| AREA 3 | AREA 4 | AREA 5 |
| 부 & 풍요 | 명성 & 인기 | 사랑 & 파트너십 |

□ 나무(木)

| AREA 2 | AREA 1 | AREA 6 |
| 가족 | 건강 | 창의성 & 자녀 성장 |

○ 금(金)

| AREA 9 | AREA 8 | AREA 7 |
| 내적 성장 | 일 & 성공 | 귀인 & 여행 |

∣∣∣ 물(水)

현관

바구아 지도를 적용하는 방법

핵심

색상…… 빨간색이나 오렌지색 같은 따뜻한 색

형태…… 삼각형, 피라미드형

아이템…… 초(LED 캔들도 괜찮다), 조명, 태양, '하늘을 나는 새'
를 모티브로 한 그림이나 오브제, 상장, 자격증

아로마…… 페퍼민트, 시트러스 계열, 세이지

크리스털…… 카넬리안(carnelian), 레드재스퍼(redjasper)

아이템의 예

❶ 조명, 초, 에펠탑, 티아라
❷ 위로 향하는 에너지를 불어넣어 자신이 꿈꾸는 모습으로 성장하자!
❸ 하늘을 나는 새를 모티브로 한 그림
❹ 자격증 같은 인증서

사랑 & 파트너십 구역

AREA 2가 이미 구축된 가족이라는 그룹에 관여하는 것과는 달리 AREA 5는 '일대일의 관계'에 더욱 초점이 맞추어져 있다. 사람은 자기 자신을 사랑하지 못하면 주변 사람을 사랑할 수 없다. 그렇기에 이곳 사랑의 구역은 자기수용과 자애에도 관여한다.

이 구역을 정리하면 연애, 결혼, 부부 금실, 우정, 공적인 인간관계나 거래처와의 관계 등이 향상될 수 있다. 분쟁을 피할 수 있도록 이곳에는 날카롭거나 뾰족한 물건은 두지 않도록 하자.

△ 불(火)

AREA 3 부&풍요	AREA 4 명성&인기	AREA 5 사랑&파트너십
AREA 2 가족	AREA 1 건강	AREA 6 창의성&자녀 성장
AREA 9 내적 성장	AREA 8 일&성공	AREA 7 귀인&여행

□ 나무(木)　　　　　　　　　　　　　　　○ 금(金)

||| 물(水)

현관

　　　　　　　　　바구아 지도를 적용하는 방법

핵심

색상…… 빨간색, 분홍색, 흰색

형태…… 둥근 모양, 공 모양, 돔 형태, 피라미드형, 사각형

아이템…… 한 쌍으로 이루어진 물건(사진, 예술품, 램프, 초, 쿠
션 등), 하트, 싱싱한 생화

아로마…… 로즈, 재스민, 일랑일랑, 네롤리, 샌들우드

크리스털…… 홍수정(rose quartz), 분홍색 방해석(pink calcite)

아이템의 예

❶ 사랑의 색인 분홍색을 띠는 한 쌍의 물건을 두어 부부 금실이 더 좋아지게 하자

창의성 & 자녀 성장 구역

AREA 6

'자기 자신의 창조성과 커뮤니케이션' 혹은 '자녀의 성장'에 관여하는 구역이다. 자발성과도 관련이 있으므로 새로운 일을 시작하고 싶을 때는 특히 이곳을 신경 써서 꾸미도록 하자.

자녀 방이나 취미를 즐기는 곳으로 쓰기에 적합하다. 창의력을 자극할 만한 인테리어로 꾸미는 것을 잊지 말자.

△ 불(火)

AREA 3 부&풍요	AREA 4 명성&인기	AREA 5 사랑&파트너십
AREA 2 가족	AREA 1 건강	AREA 6 창의성&자녀 성장
AREA 9 내적 성장	AREA 8 일&성공	AREA 7 귀인&여행

□ 나무(木)　　　　　　　　　　　　○ 금(金)

III 물(水)

현관

핵심

색상······ 흰색, 파스텔색, 메탈릭 컬러

형태······ 둥근 모양, 타원형, 공 모양, 돔 형태

아이템······ 창조적인 예술품, 취미 용품, 최근에 찍은 자녀 사
진, 장난감, 게임, 금속제품

아로마······ 프랑킨센스, 베르가모트, 사이프러스, 유칼립투스

크리스털······ 백수정(clear quartz), 헤마타이트(hematite)

아이템의 예

❶ 창의력을 자극하는 아이템이나 취미 용품을 놓아두어
자녀의 성장과 자신의 발전을 촉진한다.

귀인 & 여행 구역

일상에서 벌어지는 사소한 문제부터 인생이 걸린 중대한 문제까지 모든 '문제 해결'에 관여하는 구역이다. 이 구역을 정리해 두면 그때그때 필요한 도움이나 지원을 해 주는 사람 혹은 어떤 사건이 생긴다. 결과적으로 '인생이라는 여행'을 좀 더 수월하게 나아갈 수 있게 해 줄 것이다.

'여행' 자체를 하게 될 기회도 생길 수 있고, 여행 중에 자신을 응원해 주는 사람을 만나거나 좋은 기회를 얻게 될 수도 있다.

△ 불(火)

AREA 3 부&풍요	AREA 4 명성&인기	AREA 5 사랑&파트너십
AREA 2 가족	AREA 1 건강	AREA 6 창의성&자녀 성장
AREA 9 내적 성장	AREA 8 일&성공	AREA 7 귀인&여행

□ 나무(木)　　　　　○ 금(金)

||| 물(水)

현관

핵심

색상······ 회색, 검은색, 흰색, 메탈릭 컬러

형태······ 타원형, 유동형

아이템······ 금속제품, 유리 제품, 자신을 지원해 주는 사람의
　　　　　사진, 존경하는 사람의 저서, 영적 지침서, 여행의
　　　　　추억이 담긴 물건, 가고 싶은 장소의 사진이나 그
　　　　　림, 지구본, 시계, 전화

아로마······ 레몬, 오렌지, 페퍼민트, 진저, 팔로산토(palo santo)

크리스털······ 연수정, 터키석

아이템의 예

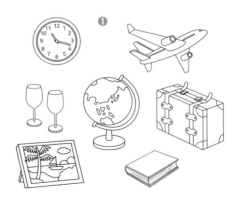

❶ 가고 싶은 장소의 풍경, 유리로 된 물건, 지구본, 여행의 추억이 담긴 물건

일 & 성공 구역

자신과 외부 세계의 연결점으로서 '일이나 비즈니스의 성공'에 관여하는 구역이다. 이 구역을 정리해 두면 사업적으로 만나는 사람과의 관계가 좋아지고, 새로운 기회가 늘어나며, 평생에 걸쳐 이루려는 사업과 관련된 에너지가 향상될 수 있다.

사명에도 관여하는 곳이므로, 자신만의 사명을 찾고 있는 사람은 특히 이 구역을 신경 써서 정리해 보자.

△ 불(火)

AREA 3 부&풍요	AREA 4 명성&인기	AREA 5 사랑&파트너십
AREA 2 가족	AREA 1 건강	AREA 6 창의성&자녀 성장
AREA 9 내적 성장	AREA 8 일&성공	AREA 7 귀인&여행

□ 나무(木)   ○ 금(金)

|||| 물(水)

현관

바구아 지도를 적용하는 방법

핵심

색상······ 검은색, 차콜 그레이, 남색

형태······ 유동형, 파도형

아이템······ '물'을 연상시키는 물건, 거울, 유리 제품, 크리스털,

　　　　　　업무와 관련된 물건, 인생의 지침이 될 만한 명언

아로마······ 클라리세이지, 로즈메리, 바질, 클로브

크리스털······ 검은색 토르말린(tourmaline), 흑요석(obsidian)

아이템의 예

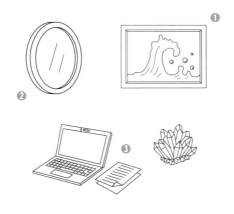

❶ '물'을 연상시키는 물건
❷ 기운이 잘 흐르도록 방해가 될 만한 물건은 모두 치우고
　깔끔한 상태를 유지한다.
❸ 업무와 관련된 물건

내적 성장 구역

'지식, 기술, 영성(spirituality)의 향상'과 관련된 구역이다. 만약 이사 등의 이유로 방 배치가 정해지지 않은 상태라면 이 구역을 서재나 학습 공간으로 이용하자. 또 이곳을 '명상 장소'로 쓰면 영적 성장을 통해 자기 자신을 더욱 향상해 나갈 수 있다.

이 구역이 너저분해져 있으면 집중력이 떨어지거나 사고에 혼란이 올 가능성이 있으니 주의하자.

△ 불(火)

AREA 3 부&풍요	AREA 4 명성&인기	AREA 5 사랑&파트너십
AREA 2 가족	AREA 1 건강	AREA 6 창의성&자녀 성장
AREA 9 내적 성장	AREA 8 일&성공	AREA 7 귀인&여행

□ 나무(木)   ○ 금(金)

||| 물(水)

현관

핵심

색상······ 파란색, 녹색, 검은색

형태······ 직사각형, 유동형

아이템······ '산'이나 '물'과 관련된 물건, 책, 컴퓨터, 책상, 책장,
유리 제품, 크리스털

아로마······ 라벤더, 페퍼민트, 바질, 스피어민트, 시더우드

크리스털······ 소달라이트(sodalite), 셀레스타이트(celestite), 래
브라도라이트(labradorite)

아이템의 예

❶ 유리 제품

❷ 명상 장소로도 좋다

❸ 산이나 물과 관련된 물건

❹ 사람은 끊임없이 배우며 성장한다.
성장을 지속하는 행위는 인간에게 행복감을 선사한다.

이것으로 '바구아 풍수를 이용해 집을 정리하는' 단계는 모두 완료했다. 물건을 정리했을 때의 후련함, 집 안이 정돈되었을 때의 안정감을 한번 맛보고 나면 여러분도 틀림없이 앞으로 집을 정리하는 과정을 즐기게 될 것이다.

집 정리를 얼추 마쳤다면 앞으로는 자기 자신이나 가족의 인생 단계 등에 따라 그때그때 변화를 주도록 하자. 다음 장에서는 바구아 풍수를 이용한 실제 사례를 소개할 예정이니 참고해 보기 바란다.

바구아 지도를 적용하는 방법

실제 사례 모음

상상 이상으로 인생이 호전된다
— 내 뜻대로 행복하게 사는 비결 —

행복을 다른 곳에서 찾지 않아도
삶이 좋아진다

앞에서 다음과 같은 이야기를 했다.

'집을 가꾸면 집과 사랑에 빠진다

→ 집 자체가 파워 스폿이 된다

→ 그곳에서 생활하는 자기 자신이 파워 스폿이 된다'

이는 집과 사랑에 빠지면 행복을 다른 곳에서 찾지 않아도 삶이 좋아진다는 뜻이기도 하다.

집에 있을 때 가장 행복하다. 집에 있을 때 가장 충족감을 느낀다. 외부 세계에 호기심을 느껴 때로는 여행을 가기도 하지만, 행복은 늘 우리 집에 있는 것이다. 그러면 여러분의 집에 모이는 사람들에게 좋은 일이 생기거나 새로운 연이 맺어지기도 하고, 더 나아가 여러분이 가는 곳마다 좋은 일이 일어나는 등 여러분의 집뿐만 아니라 여러분 자신이 '행복의 발신지' 역할도 하게 될 것이다.

집을 가꾸기만 해도 이처럼 다양한 의미에서 인생이 호전되기 시작한다. 하고 싶은 일이 잘 풀리고, 하고 싶지 않은 일은 하지 않을 수 있게 된다. 현실은 의식을 기반으로 만들어진다. 집을 가꾸면 의식 또한 긍정적으로 변화해 여러분이 바라는 일이 마치 마법처럼 하나둘씩 일어나게 된다. 한마디로 말하자면 자신에게 맞는 진정한 풍요, 즉 '어번던스'를 손에 넣는다는 뜻이다. 집착을 내려놓고, 불필요한 물건을 처분하면 공간이 생긴다. 그 자리에 자신이 진정으로 바라던 것이 흘러들어오는 것, 그것이 어번던스의 법칙이다.

물론 그렇다고 해서 짜증 나는 일이나 힘든 일이 완전히 사라지지는 않는다. 하지만 적어도 마음의 기본 설정은 '행복' 그 자체가 된다. 지금은 아직 믿지 못할 수도 있다. 하지만 내가 이제껏 가르쳐 온 학생들의 일상에도 실제로 변화가 일어나고 있다. 이 책에 소개한 방법을 실천할 때마다 여러분도 틀림없이 비슷한 변화를 느낄 수 있을 것이다.

행복을 다른 곳에서 찾지 않아도 삶이 좋아진다

이혼 후 혼자 살던 원룸이 호감 가는 이성의 방으로 변신!
컨설팅을 받고 일 년 뒤 결혼에 골인!

Before

A 씨(30대 여성)는 이혼한 지 얼마 되지 않았을 무렵, 내 강좌와 개인 컨설팅을 수강했다. 전업주부였던 그녀는 이혼 후의 생활에 큰 불안감을 안은 채로 카페나 바에서 아르바이트생으로 일하면서 간신히 생계를 꾸려나가고 있었다. 이런 일은 어디까지나 생계를 위한 것이었을 뿐, 그녀가 하고 싶어 하는 일이 아니었다.

그녀에게 지금 사는 집의 상태를 물었지만, 그녀는 주거 환경에 거의 관심이 없었다. 이혼 전에는 센스가 좋던 전남편에게 인테리어와 관련한 문제를 전부 맡겼다고 했다. 그녀는 부엌의 아일랜드 조리대 밑에 책을 수납하는 등 '물건을 제 역할대로' 거의 쓰지 못하고 있었다. 게다가 각별하게 여기는 물건들을 거의 처분하지 못하고 있었다.

그런 A 씨가 가장 불안해한 점과 우선시한 목표는 '원룸 아파트에 살아도 풍수를 이용해 삶을 개선할 수 있을까?', '집을 마음 편한 곳으로 바꾸는 것', '일 년 안에 남자친구를 만드는 것'이었다.

After

컨설팅 받은 A 씨는 물건도 사람과 마찬가지로 자신이 지닌 본래의 기능을 이용해 도움을 주는 것을 가장 기뻐한다는 사실을 깨닫는 등 거주 공간에 관한 생각이 크게 바뀌었다. 그 후 그녀는 뚜렷한 목적을 가지고 물건을 고를 수 있게 되었고, 동시에 자신이 진정으로 원하는 일을 선택할 수 있게 되었다. 이처럼 마음 편한 공간을 만들어 나가는 일은 자신의 삶을 만들어 나가는 일로 연결되는 셈이다.

결과적으로 하고 싶지 않은 일을 그만두고, 자신의 속마음에 귀를 기울인 그녀는 자신이 진정으로 하고 싶어 했던 카피라이팅 일을 다시 시작할 수 있었다. 그로부터 얼마 지나지 않아 A 씨는 프리랜서 카피라이터로 독립을 결심했고, 지금은 온라인을 통해 전 세계 고객들로부터 주문받게 되었다.

'일 년 안에 남자친구를 만들겠다'라는 목표는 어떻게 되었

행복을 다른 곳에서 찾지 않아도 삶이 좋아진다

을까. 컨설팅을 받은 직후 그녀에게 이성에게 부쩍 관심을 받는 시기가 찾아왔고, 놀랍게도 단 2주 만에 남자친구가 생겼다고 한다. 그때 사귄 사람과는 헤어지고 말았지만, 이혼의 아픔을 치유해 주었다는 의미에서 그 또한 소중한 만남이었다. 그리고 컨설팅을 받은 지 딱 일 년이 지났을 때 지금의 남편이 될 사람과 만나게 되었고, 석 달 만에 동거에 들어갔고, 결국 결혼에 골인했다. 아이까지 낳은 A 씨는 현재 가정을 잘 꾸리면서 카피라이팅 일도 병행하고 있다.

A 씨는 "어번던스 풍수를 실천했더니 삶 전체가 균형을 이루면서 모든 것이 순환되기 시작했어요. 사람, 물건, 일이 모두 최적의 타이밍에 맞게 딱딱 움직이는 느낌이었어요. 이제는 그렇게나 바라던 가족까지 생겨서 정말 행복해요."라며 기뻐했다.

인테리어에 개성을 더하자 부부관계가 좋아졌다

Before

미용사인 B 씨(30대 여성)는 본인 말로는 '낙천적인 성격이라 딱히 걱정도 없고, 남편과 둘이서 평범하게 살고 있다'라고 했지만, 문득 흥미가 생겨서 내게 개인 컨설팅을 받았다. 그녀의 집 상태는 딱히 좋은 것도 나쁜 것도 없는 느낌이었다. B 씨가 스스로 '미니멀리스트'라 말한 만큼 딱히 정리할 필요는 없어 보였지만…… 오히려 물건이 너무 없어서 삭막할 정도였다.

사는 사람의 개성이 거의 느껴지지 않아서 아무리 봐도 '집에 있기만 해도 행복하다'라는 느낌이 들지 않았다. 나는 B 씨가 자신이나 남편이 좋아하는 물건을 집에 좀 더 적극적으로 놓을 필요가 있다고 생각했다. 집은 단순히 깔끔히 정리되어 있기만 해서 되는 것이 아니다. 사는 사람의 개성이 집에 반영되어야만 그 사람의 타고난 재능이 꽃을 피우게 되며, 얼핏 평범해 보이는 생활에서 느끼는 행복감 또한 크게 향상될 수 있다. B 씨가 바로 그런 경우였다.

After

컨설팅 받을 당시, B 씨의 집에는 식탁이 없었다. 그래서 B 씨는 다양한 제품을 살펴본 후 가장 마음에 드는 식탁을 샀다. 식탁을 산 것을 계기로 남편과 마주 앉아 함께 식사하게 되었고, 부부 사이에 대화와 웃음이 늘었다. 그렇게 많은 대화를 나눈 덕분인지 그 후 부부의 가치관이 일치해 나가기 시작했다고 한다. 또 예전에는 여행을 혼자 갔지만, 이제는 남편과 함께 다니게 되었다. 고작 식탁 하나를 들여놓았을 뿐인데, 이를 계기로 부부간의 대화가 늘고, 가치관이 비슷해져 취미를 함께 즐길 정도로 함께 보내는 시간이 많아진 것이다.

어번던스 풍수 덕분에 부부관계가 좋아진 좋은 사례라 할 수 있다. 또 컨설팅 받은 후, 부부가 살던 아파트의 가치가 급등해 매각을 통해 높은 수익을 올리기도 했다. 심지어 아파트 매물을 공개할 때 어번던스 풍수를 활용해 방을 정리했더니 그 집에 딱 맞는 사람이 나타나 "이런 좋은 집을 발견하다니!"라고 좋아하며 선뜻 매입했다고 한다. 이 밖에도 B 씨의 친정집 역시 높은 가격에 팔렸다거나 돈이 필요한 순간에 딱 그만큼의 돈이 들어오게 되어 재정 상황도 좋아졌다. 이러한 큰 변화를 경험한 B 씨는 그 후 풍수 라이프 스타일리스트 인정 코스까지 수료했다. 지금은 일주일에 3일 정도 미용사 일과 병행하며 어번던스 풍수 컨설턴트로도 활약하고 있다.

"좋아하는 물건을 더하는 행위가 인생의 방향을 긍정적으로 변화시키는 일로 이어진다는 것을 실감했어요. 어번던스 풍수를 통해 제 인생에 다채로움이 더해졌고, 새로운 가능성이 열렸어요. 재물, 인맥, 애정, 기회 등 모든 운이 좋아져 지금은 백 점 만점의 생활을 누리고 있지요. 요즘은 공부가 왜 그리 재미있는지 모르겠어요." 미용사로나 풍수 컨설턴트로서나 자신의 강점을 살리게 된 B 씨는 예전과는 비교할 수 없을 만큼 빛나고 있다.

행복을 다른 곳에서 찾지 않아도 삶이 좋아진다

자신과 남편 모두 월급이 오르고,
가족 간의 유대가 한층 강해졌다

Before

가사대행업에 종사하는 C 씨(40대 여성)는 고향 집에 내려가 있을 때, 내 온라인 강좌를 수강했다고 한다. 강의를 들은 그녀는 전부터 고향 집 화장실에서 물이 새던 점과 부엌의 오븐레인지가 망가져 있던 점이 신경 쓰이기 시작했다고 한다.

After

C 씨가 가장 인상 깊게 들은 말은 '망가진 물건은 부정적인 에너지를 방출한다'라는 말이었다고 한다. 그녀는 어머니와 함께 바구아 풍수를 집에 도입하기로 하고, 다음과 같은 일들을 실천했다.

○ 망가진 오븐레인지를 치우고, 그 자리에 캐비닛 설치하기

○ 물이 새던 화장실 수리하기

○ 고타쓰처럼 쓰지 않는 대형 가전을 대형폐기물로 내놓기

○ 이 밖에도 쓰지 않는 물건 대거 처분하기(쓰레기봉투 20장 분량)

실제로 이렇게 해 본 결과, 어머니가 예전보다 적극적으로 집을 가꾸기 시작했다고 한다. 화장실과 부엌을 말끔히 치우고, 맹장지를 어두운색에서 흰색에 가까운 밝은색으로 바꾸고, 장지문의 종이를 교체하기도 했다고 한다.

그러자 고향 집에서 십 분 거리에 사는 남동생 부부가 일주일에 한 번씩 손주를 데리고 찾아와 함께 저녁을 먹게 되었다. 근처에 살아도 예전에는 집에 거의 오지 않았기에 어머니는 이러한 변화에 크게 기뻐하셨다고 한다. 사실 이번에 맹장지의 색을 바꾼 방이 바로 '가족 구역'에 해당하는 곳이었다. 가족 구역을 정리하자 가족 간의 유대가 한층 강해진 점 또한 바구아 풍수가 가져온 결과 중 하나일 것이다. 이제는 남동생 부부의 방문이 주 2회로 늘었다고 한다.

C 씨는 다소 어두침침했던 고향 집이 확 밝아진 점이 무엇보다 마음에 든다고 했다. 그 후, 내 풍수 기초 강좌를 들은 그녀는 이번에는 자신의 집을 바꿔 보기 시작했다.

행복을 다른 곳에서 찾지 않아도 삶이 좋아진다

- 현관 말끔히 치우기
- 시각적으로 신경 쓰이던 곳(그다지 마음에 들지 않았던 곳) 바꾸기
- 화장실 벽을 다른 색으로 새로 칠하기
- 망가진 수도꼭지 수리하기
- 조명 교체하기
- 사랑의 구역에 결혼식 사진 장식하기
- 망가진 침대 다리 새로 맞추기
- 쓰지 않는 식기 등은 전부 기부하기

이런 일들을 차근차근 실천한 결과, 일과 가정에서 모두 긍정적인 변화가 일어나기 시작했다!

- 집과 사랑에 빠진다는 감각이 무엇인지 깨달았다. 예전에는 집에 있기 좋아하지 않아서 틈만 나면 밖에서 시간을 보냈지만, 지금은 집에 있을 때 가장 즐겁다.
- 불필요한 물건을 처분했더니 나에게 꼭 필요한 좋은 물건들만 들어오게 되었다.
- 집을 청소하기가 한결 수월해졌다.
- 청소하다가 숨겨 놓은 비상금을 발견했다. 마침 내가 하고 싶어 하던 일에 딱 필요한 액수였기에 주저하지 않고 바로 행동에 옮길 수 있었다.

○ 가사 대행 업무가 즐거워졌고, 그 덕분인지 시급이 두 배 이상 올랐다.

○ 일하는 시간을 스스로 정할 수 있게 되었다.

○ 코로나 사태 속에서도 고객이 급증했다.

○ 지금까지는 돈을 '모으는' 일을 신경 썼지만, 집을 가꾸기 시작한 후로는 돈이 나갔다가도 다시 들어오는 식으로 순환하게 되었다.

○ 성가신 인간관계가 정리되었다.

○ 수십 년 동안 나를 힘들게 했던 건강 문제가 해소되었다.

그런 C 씨의 변화에 호응이라도 하듯 그녀의 남편에게도 변화가 일어났다. 그녀의 남편은 취미로 수집하는 물건이 늘어나다 못해 수납장이 넘칠 지경이었지만, 이를 좀처럼 정리하지 못하고 있었다. 하지만 C 씨가 불필요한 물건을 기부하거나 파는 모습을 보고는 자신도 마찬가지로 수집한 물건을 대부분 처분하게 되었다고 한다. 집에 남겨둔 수집품은 보기 좋은 곳에 전시했다. 그러자 남편의 일도 곧 순조로워져 월급이 두 배로 늘었다.

코로나 사태가 터지면서 전 세계 사람들이 경제적으로나 정신적으로나 많은 타격을 받았지만, C 씨네 가족은 가끔 툭탁거리면서도 서로 도우며 행복하게 사는 중이다. 집을 가꾸면서 그만큼 가족 간의 유대가 강해졌기 때문일 것이다.

남편과 시어머니 때문에 마음고생을 하던 주부가
재능을 꽃피우고 해외로 이주하다

Before

일본어 교사인 D 씨(50대 여성)는 부부관계와 고부갈등 문제로 고
민하고 있었다. 그런 와중에도 두 자녀를 끔찍이 아낀 그녀는 심
한 스트레스와 압박감 탓에 '집을 나가거나 죽어 버릴까'라는 극단
적인 생각을 할 정도로 궁지에 몰려 있었다. 그녀가 사는 집은 고
급 주택가에 자리한 호화 주택이었다. 시어머니가 지은 3세대 주
택으로, 인테리어를 비롯한 집 안 전체를 시어머니가 통제하고 있
었다. 심지어 시어머니가 D 씨네 가족이 거주하는 공간에 불쑥 들
어오는 탓에 사생활이 거의 없다시피 했다. 그곳에 살기는 했지
만, 자기 집이 아니었다. 자신의 의견은 그 무엇도 용납되지 않았
다. 그녀는 그런 불편함을 느끼면서 약 20년 동안 자신을 억누른
채 살아왔다고 했다.

주변 사람들 눈에는 그녀가 근사한 집에 살면서 '셀럽' 같은 생활을 누리는 것처럼 보였다. 하지만 정작 본인은 '남편이 버는 돈으로 살고 있다'라는 죄책감마저 느껴져 조금도 행복하지 않았다. 그러던 어느 날, 우연히 눈에 띈 내 강좌 안내를 보고 무언가를 느낀 D 씨는 개인 컨설팅과 세 시간짜리 강좌를 수강했다.

After

행복도가 상당히 낮은 상태에서 시작했지만, 어번던스 풍수의 효과는 금세 나타났다. 그녀에게 큰 변화가 생긴 것이었다. 우선 집을 가꾸면서 결단력과 실행력이 증가했고, 시간제 영어 강사로 일하기 시작했다. 그것만으로도 D 씨에게는 큰 변화였지만, 이는 서막에 불과했다. 그 후 두 자녀가 꿈을 이루면서 딸은 미국으로, 아들은 뉴질랜드로 유학을 떠났다. 게다가 D 씨 자신도 하고 싶은 일을 더 깊이 공부해 보려는 의욕과 결단력과 실행력이 늘어나면서 놀랍게도 캐나다로 유학을 떠나 유아교육학을 전공하게 되었다. 일본에 돌아온 후에는 국제유치원에서 일하게 되었다. 아이들에게 영어를 가르치며 함께 춤을 추거나 노래를 부르거나 그림을 그리는 일이 정말 즐겁다고 말하는 D 씨에게는 '가르치는 일'이 천직이 아닐까.

행복을 다른 곳에서 찾지 않아도 삶이 좋아진다

자신의 재능을 빛내며 살아가는 사람 곁에는 또 다른 기회가 날아드는 법이다. 그녀는 유아교육과 관련된 일로 알게 된 지인의 소개로 이번에는 베트남 하노이의 유치원에서 일본어 교사를 맡아달라는 제안을 받았다. 이번에도 역시나 결단력과 실행력을 발휘한 D 씨는 그 자리에서 베트남행을 결정했다. 지금 그녀는 호찌민에서 비즈니스 매너 강사와 대학 일본어 강사로 활약하고 있다. 호찌민의 명소인 비텍스코 파이낸셜 타워와 사이공 강이 내려다보이는 집에 살면서 베트남 생활을 만끽하고 있다고 한다.

원래 시어머니의 통제하에 살고 있던 D 씨는 컨설팅 받은 후, 우선 자신이 소유한 물건부터 정리하기 시작했다고 한다. 불필요한 물건을 하나둘씩 처분하면서 짐을 줄여 언제든지 움직일 수 있는 준비를 했다고 한다. 그 후 '내가 정말 하고 싶은 일을 하자!'라는 마음으로 혼자 캐나다로 유학을 떠날 결심을 했다. 베트남에도 혼자 건너왔지만, 남편과는 이혼하지 않고 적당한 거리를 유지하며 좋은 관계를 유지하고 있다. 이들 말고도 내 주변에는 50대 이후 서로 다른 곳에 살면서 각자가 좋아하는 생활을 하는 부부가 제법 있다.

집을 가꾸면서 나타나는 긍정적인 변화 중에 '지금 사는 집을 나와, 또 다른 행복을 찾는' 형태도 있으니 지금 어떤 상황에 놓여 있더라도 부디 희망을 잃지 말고 열심히 노력해 보았으면 한다.

'인생의 선택력',
'실행력'이 향상된다

지금부터는 집을 가꾸면 어째서 인생이 호전되는 변화가 일어나는지 나의 실제 사례를 들어가며 소개해 보려 한다. 이미 눈치챘을지 모르지만, 집을 가꾸다 보면 그 과정에서 지금 자신에게 필요한 것과 불필요한 것을 분간하는 능력이 길러진다. 이는 '인생의 선택력'이 향상한다는 의미이므로 업무나 학업 등에서도 지금 자신에게 불필요한 점을 파악할 수 있게 되고, 동시에 자신이 진정으로 하고 싶어 하는 일이 무엇인지 보이기 시작할 것이다.

이는 바꿔 말하면 자신의 재능이나 강점을 깨달을 수 있게 된다는 뜻이다. 자신에게 필요한 점과 불필요한 점이 마구 뒤섞인 환경에서는 내면에도 불필요한 소음이 가득해 자신의 재능을 제대로 볼 수가 없다. 그러나 집을 가꾸는 과정에서 그러한 소음이 조금씩 걷히면 자신의 재능이 드러나기 시작한다.

다이아몬드 원석이 발굴 후 다양한 공정을 거쳐 반짝이는 보석으로 변하는 과정을 생각하면 좀 더 쉽게 이해할 수 있을 것이다. 새로운 재능은 갑자기 생기는 것이 아니라 '이미 타고난 재능을 발견하기가 쉬워지는 것'이다. 게다가 실제로 자신이 하고 싶어 하는 일을 향해 한 발짝 내디디는 실행력 또한 높아진다. 예전 같으면 '내가 그런 일을 어떻게 해'라며 주저했던 일도 '좋아, 한번 해 보자!'라며 시도해 볼 수 있게 될 것이다. 회사에 다니는 직장인도 퇴직이나 이직 결단 그리고 실제 행동으로 옮기는 힘이 향상될 것이다.

몇 번이나 말하지만, 집을 가꾸면 삶의 방식이 긍정적으로 바뀐다. 마음 편한 환경에 둘러싸여 지내다 보면 자연스레 자존감이 올라간다. 그래서 집을 가꾸는 일은 그만큼 자기 자신에게 강력하게, 긍정적으로 작용한다. 지금은 아직 스스로에게 자신이 없는 사람도 많을 수 있다. 하지만 지금 이야기한 것 같은 일이 일어나면 조금씩 인생이 좋은 방향으로 나아가기 시작했다는 사실을 실감할 수 있을 것이다. 그러다 보면 자연히 자신감도 붙게 될 것이다.

시작은 단순히 '집을 가꾸는 일'에 불과하지만, 그 과정에서 '불필요한 것을 처분하고 자신에게 필요한 것, 자신이 좋아하는 것만 두는' 선택하는 안목이 길러지고, 그것이 여러분의 인생 전반에 영향을 끼칠 것이다. 그렇기에 앞으로 남은 인생을 자신의 손으로 직접 호전시켜 나갈 수 있게 되는 것이다.

인생을 전환해 줄
중요한 인물을 만나게 된다

집을 가꾸며 의식을 긍정적으로 변화시키다 보면 인생이 차츰 호전되기 시작한다. 이러한 변화는 자기 자신의 노력만으로 이루어지는 것이 결코 아니다. 인간관계 관련 운이 함께 좋아지면서 인생의 전환기를 만들어 줄 사람과 만나게 되기 때문이다. 이미 의식이 인생을 호전시키는 방향으로 향해 있기에 새로운 인연에 대한 직감도 전보다 예민해졌을 것이다.

가령 나 같은 경우에는 아무리 좋은 조건의 일이 들어와도 마음이 내키지 않으면 수락하지 않는다. '왠지 내키지 않는데'라고 느끼는 마음보다 '조건이 좋잖아'라고 생각하는 머리의 뜻을 따르면 어김없이 꼭 문제가 발생하고 만다. 반대로 조건이 어떻든 간에 내 심장이 뛰는 일을 하다 보면 그 일을 통해 또 새로운 인연을 만나는 등 좋은 일이 일어난다.

이 책의 출간을 결심한 것도 실은 직감을 따른 것이 계기였다. 뉴욕 리트리트 행사에 참여할까 말까 망설이던 중에 행사 주최자로부터 '출판사 관계자도 참석한다'라는 말을 듣자마자 직감적으로 '그 사람을 만나야겠어'라는 느낌이 들었다. 그 자리에서 만난 사람이 이 책의 담당 편집자였다. 물론 출판사 관계자와 만난다고 무조건 출간 제안을 받는 것은 아니다. 오히려 이런 일이 드물다.

하지만 이번 같은 경우에는 그분과 처음 만나자마자 순식간에 의기투합해서 이야기가 척척 진행되었고, 결국 이렇게 책이 나올 수 있었다. 그때 '그 사람을 만나야겠어'라고 느낀 내 직감을 따라서 정말 다행이었다고 생각한다. 앞서 이야기했듯이 여러분도 집을 가꾸다 보면 그 과정에서 자신에게 불필요한 것과 꼭 필요한 것을 분간할 수 있게 될 것이다.

이런 말은 조금 어폐가 있을 수 있지만, 어떤 의미에서는 인간관계도 자신에게 필요하냐 그렇지 않으냐에 따라 자연스레 추려진다고 할 수 있다. 문제가 될 소지가 다분한 '만나지 않아도 될 사람'과는 점차 보지 않게 되고, 공적으로든 사적으로든 큰 성과를 거두게 도와줄 '꼭 만나야 하는 사람'과는 적절한 순간에 마주치게 된다. 지금의 인간관계에서도 '싫거나 거북한 사

인생을 전환해 줄 중요한 인물을 만나게 된다

람과는 굳이 억지로 어울리지 않아도 돼'라고 생각할 수 있게 될
것이다.

사람들이 하는 고민은 대부분 인간관계와 관련이 있다고
한다. 집을 가꾸다 보면 그 가장 큰 고민이 사라진다. 즉, 싫은 사
람은 사라지고, 내 주변에 온통 내가 사랑하는 사람들만 남는
다. 그런 의미에서도 인생의 행복도가 현격히 상승한다고 할 수
있다.

'지금, 이 순간'을
살아갈 수 있게 된다

STEP 1에서 지금 사는 공간에 감사해하는 연습을 해 보았는데, 이처럼 '현재 상황에 감사해할 줄 아는' 힘도 인생 전반을 긍정적으로 변화시킨다. 나는 사실 풍수를 배우기 전에 이혼을 결심했었다. 남편이 너무 싫어져서 한 집에서 따로 생활하면서 매일 그의 단점을 잔뜩 적고는 했다. 하지만 풍수를 통해 감사하는 마음을 가지게 되자 남편의 장점이 보이기 시작했고, 그때부터 부부관계가 개선되었다. 지금은 서로에게 감사하며 누구나 인정하는 잉꼬부부로 지내고 있다.

싫거나 거북한 사람과 무리하게 만남을 지속할 필요는 없지만, 간혹 이제껏 알아차리지 못한 가치가 보일 때도 있다. 풍수를 실천한 내 고객 중 한 명은 집을 가꾸면서 지금 자신의 인생에 불필요한 것이 무엇인지 명확히 알고 나자, 자녀를 데리고 행복하게 이혼하기도 했다. 이처럼 '지금 있는 것'에 감사할 수 있게 되면 과거에 대한 집착이나 후회 혹은 미래에 대한 불안 등도 사라져 버린다. 그리고 '지금, 이 순간'을 충실하게 살 수 있다. 집 가꾸기를 통해 그야말로 마음 챙김을 수행하며 살아갈 수 있게 되는 것이다.

나도 사실 과거에는 '남편이 실직하면 어떡하지', '돈이 떨어지면 어떡하지'라는 식의 당장 하지 않아도 될 걱정을 하며 극심한 불안에 시달렸다. 하지만 집을 가꾸기 시작한 후로 '지금, 이 순간'에 집중하는 마음 챙김의 개념을 자연스레 이해하고, 이를 실천할 수 있게 된 것 같다. 억지로 명상 훈련을 하거나 따로 시간을 내지 않아도 냉장고 정리, 화장실 청소, 현관 정리 같은 행위 하나하나가 전부 마음 챙김 수행이다.

생각해 보면 당연하다고 할 수 있을지 모른다. 정리나 청소할 때, 혹은 내게 필요한 물건이나 내가 좋아하는 물건을 어떻게 배치할지 고민하는 그 순간에는 '눈앞에 있는 일'에 집중하기에 과거의 일을 후회하거나 미래에 대해 불안해하기가 오히려 더 어렵다. 즉, 애써 의식하지 않아도 '지금, 이 순간'에 집중할 수 있게 되는 것이 바로 집을 가꾸는 행위라고 할 수 있다. 그리고 '지금, 이 순간'에 집중하는 건 기분 좋은 일이므로 집안일처럼 예전에는 귀찮게 여겼던 일을 즐겁게 할 수 있게 된다.

만약 STEP 1을 실천했다면 누구나 실감했을 것이다. 냉장고 안이 깨끗하고, 매일 여닫는 서랍이 물건을 꺼내기 쉽게 정리되어 있고, 현관에 널려 있던 신발이 보이지 않고, 옷장의 통풍이 잘되고…… 이처럼 주변이 정리되어 있으면 순수하게 기분이 좋아진다. 그리고 한 번 맛본 쾌감은 또 맛보고 싶어지는 법이다.

그 상태를 과연 자신이 잘 유지할 수 있을지 불안해할 사람도 있을 수 있지만, 집을 가꿀 때의 쾌감을 한 번 맛보고 나면 자연스레 몸이 움직이게 될 것이다. 물론 때로는 바쁘다 보니 물건이 늘어나기도 하고, 잠시 방심했다가 물건이 다시 여기저기 굴러다니게 될 수도 있다. 행복도가 높아진다고는 하지만, 소소하게 신경 써야 하는 일이 완전히 사라지는 것은 아니니까 말이다.

평소에 틈틈이 청소하는 게 제일 좋겠지만, 긴 인생을 살다 보면 뜻대로 되지 않을 때도 있다. 그러므로 정기적으로 정리하는 날을 정하는 등, 자기 나름대로 규칙을 만들어 두는 것도 좋다. 내 학생 중에도 '5월 장기 연휴 중에는 무조건 대청소하고 집안을 정리한다'라고 정해 둔 사람이 있다. 하지만 규칙이 도리어

'지금, 이 순간'을 살아갈 수 있게 된다

스트레스가 되어서는 곤란하다. 나 자신이 기분 좋게, 행복하게 지내는 것을 가장 중요하게 생각하자.

팁 모음집

집과 더 깊이 사랑에 빠지자

소소한 팁으로
편안함을 유지한다

마지막으로 집의 편안함을 유지하는 소소한 방법(팁)을 소개해 보려 한다. 기왕 어번던스 풍수를 이용해 집을 가꾸는 김에 이 방법들도 꼭 한번 실천해 보자. 집과 더 깊이 사랑에 빠질 수 있게 될 것이다.

TIP 1. 천으로 만들어진 제품은
정기적으로 '한꺼번에 교체'한다

앞에서 천에는 나쁜 기운을 흡수하는 효과가 있다고 이야기한 바 있다. 그렇기에 천으로 만들어진 제품은 시간이 갈수록 나쁜 기운이 쌓인다. 수건이나 침대 시트, 베개보 등, 천으로 만들어진 아이템은 정기적으로 한꺼번에 싹 다 교체하자. 교체 시기를 정하는 기준은 가령 '흰색 수건이 누렇게 변하기 시작했다'라든가 '표면에 보풀이 일기 시작했다'처럼 누가 봐도 '낡기 시작한 것'이 보이기 시작했을 때로 한다.

교체할 때는 한꺼번에 전부 교체하는 것이 좋다.

그렇게 하기로 규칙을 정해 두면 일일이 '교체할 것'과 '교체하지 않을 것'을 나누는 수고를 하지 않아도 되기 때문이다. 그러므로 천으로 된 제품을 살 때는 처음부터 한꺼번에 구매해서 '구매 시기'를 맞춰 두면 편하다.

이런 제품은 가족 인원수의 두 배를 준비한다.

4인 가족이라면 수건 여덟 장, 목욕수건 여덟 장. 각각 침대를 따로 쓴다면 침대 시트나 베개보 등도 여덟 장씩 산다. 이처럼 '사용 중인 제품 외에 여분의 제품을 하나' 더 마련해 두고, 사용한 제품을 빠는 동안 여분의 제품으로 교체하는 식으로 번갈아 사용한다. 그러면 모든 제품이 거의 비슷한 속도로 낡기에 교체 시기를 파악하기가 쉬워진다.

또 수납공간이 천 재질의 제품으로 꽉 차 있는 집을 종종 보는데, 이런 상태는 보기에도 좋지 않을뿐더러 그리 바람직하지 않다. 풍수적인 관점에서 보더라도 기의 흐름이 나빠져서 좋지

소소한 팁으로 편안함을 유지한다

않다.

　이런 점에서 보더라도 '사용 중인 제품+여분 한 장', 즉 '필요한 최소한의 양'만을 두는 것이 더 바람직하다. 수건이 꽉 차 있던 선반이 말끔해진다고 상상해 보라. 틀림없이 곧바로 따라 해 보고 싶어질 것이다.

　참고로 낡기는 했지만, 아직 쓸 만해 보이는 수건 등을 버리기가 아깝다면 걸레로 활용해도 된다. 원래 수건은 '사람의 얼굴이나 몸을 닦을' 용도로 만들어졌지만, '닦기'라는 기능을 다른 곳에 활용하는 건 또 다른 재능을 활용하는 것이니 수건도 슬퍼하지 않을 것이다.

현관 매트도 이와 비슷하다.

현관 매트도 밖에서 들어온 나쁜 기운을 흡수해 주므로 낡을수록 나쁜 기운이 더 많이 쌓인다. 현관 매트를 몇 년씩 그대로 깔아두는 사람도 많을 수 있지만, 정기적으로 교체하는 편이 좋다. 하지만 현관 매트는 그리 빨리 낡지는 않는 제품이므로 몇 년에 한 번 교체해 주면 될 것이다.

TIP 2. '계절감'을 가미한다

풍수의 기본 이념은 만물의 균형을 맞추는 것, 즉 자연과의 조화다. 이렇게 말하면 어렵게 들릴 수도 있겠지만, 집 안에 계절감을 살짝 가미하기만 해도 꽤 효과적이다. 예를 들어 계절별로 꽃을 꽂거나 방 한쪽에 계절감을 연출할 수 있는 코너를 만들고 계절마다 어울리는 오브제로 교체해 주는 방법 등이 있다. 계절이 돌아온다는 것은 기운이 돌아온다는 뜻이기도 하다. 계절마다 돌아오는 기운을 집 안에 불어넣어 자연과의 조화를 꾀하면 집에 좋은 기운이 순환될 것이다.

식물에는 기운을 정화하는 효과도 있다.

식물의 생명 에너지가 나쁜 기운을 물리쳐 주는 것이다. 그런 의미에서 계절별로 꽃을 장식하는 방법을 추천한다.

TIP 3. 말린 꽃은 피하자

식물의 생명 에너지는 그 식물이 살아 있는 동안에 얻을 수 있다. 이미 생명을 잃어버린 말린 꽃은 그 효과를 기대할 수 없을뿐더러 오히려 '죽음'이라는 부정적인 에너지가 집 안에 흩뿌려질 위험이

소소한 팁으로 편안함을 유지한다

있다.

　그렇다면 보존화나 조화는 어떻냐 하면 다소 애매하다. 특수 보존 처리를 한 보존화가 그냥 말린 꽃보다는 낫겠지만, 부자연스러운 형태라는 사실은 변하지 않으므로 적극적으로 추천하기는 힘들다. 조화도 전통적인 풍수에서는 기피 대상이다. 혹시 모르니 꽃을 장식할 때는 역시 생화를 쓰기를 추천한다.

　다만 요즘은 정말 잘 만든 아름다운 조화도 많이 나오기에 인테리어에 포인트를 줄 목적으로는 이런 조화도 쓸 수 있지 않을까 하는 것이 내 개인적인 생각이다.

TIP 4. 물이 흐르는 곳에
'아래로 늘어지는 식물'을 두지 않는다

앞에서 파워 스폿 가운데 하나인 화장실에 담쟁이덩굴처럼 아래로 늘어지는 식물은 두지 말라고 이야기한 바 있다. 화장실이 '물'이 흐르는 곳이기 때문이다. 아래로 늘어지는 식물은 위에서 아래로 흐르는 물의 에너지를 증강하는 작용을 한다. '물'의 에너지는 돈을 상징하므로 위에서 아래로 흐르는 힘이 증강하면 금전운이 떨어져 돈이 줄줄 새어 나가게 된다.

그러므로 화장실뿐만 아니라 물이 흐르는 부엌이나 욕실에
도 담쟁이덩굴처럼 잎이 아래로 늘어지는 식물은 두지 않도록
하자. 선인장은 피하는 것이 좋지만, 잎사귀 끝이 다소 뾰족하더
라도 잎이 위로 쭉 뻗는 식물이라면 두어도 괜찮다.

물이 흐르는 곳에 두기 좋은 관엽식물(일례)

TIP 5. 조명으로
'양(陽)'의 에너지를 충전한다

음양오행에서는 '음(陰)'과 '양(陽)' 중 어느 한쪽이 더 낫다고 이야
기하지 않으며, 어디까지나 균형을 중시한다. 이 점을 먼저 이해
한 다음, 집이 더 편안하고 운도 좋아지는 공간이 되도록 조명기

구에 신경을 써서 '양'의 에너지를 충전하자.

낮에는 햇볕을 쬐는 게 가장 좋지만, 모든 방에 다 볕이 잘 드는 것은 아니다. 그래서 빛을 어떻게 효과적으로 배치하느냐에 따라 양의 에너지양이 달라진다. 특히 장마철이나 겨울철 등 해가 떠 있는 시간이 짧은 계절에는 조명이 특히 중요해진다.

우선 집의 입구인 현관은 밖에서 들어오는 좋은 기운이나 사람을 따뜻하게 맞아줄 수 있도록 환하게 밝히는 것이 좋다. 단, 강한 빛은 오히려 불쾌함을 유발하므로 사람을 반기는 분위기가 나는 따뜻한 색의 조명 등을 설치하자.

작업실은 집중력이 높아지도록 흰색 조명을 쓴다. 침실은 편히 쉴 수 있도록 너무 밝지 않은 따뜻한 색의 조명을 사용한다. 거실 조명도 편히 쉴 수 있도록 따뜻한 색의 조명으로 하자. 다만, 아무리 '양'의 에너지를 충전하고 싶어도 원래 어두워야 할 밤 시간대까지 불을 환하게 밝히는 일은 삼가야 한다.

아침에는 어슴푸레하고 낮에는 환해졌다가 오후부터 서서히 어두워지는 게 자연스러운 빛의 변화다. 우리 몸의 생체리듬도 여기에 맞춰져 있다. 그러니 평소 집에 돌아와 식사와 목욕을 마친 뒤, 거실에서 시간을 오래 보낸다면 거실 조명을 조금 어둡게 하거나 밝기 조절 기능이 있는 제품을 사용하는 것이 좋다. 그게 어려운 경우에는 너무 밝지 않은 따뜻한 색의 스탠드 조명 등을 설치해 저녁 이후에는 그것만 켜고 생활하는 것도 하나의 방법이 될 수 있다.

TIP 6. 아침마다 꼭 커튼을 걷는다

예를 들어 아침 일찍 출근했다가 밤늦게 퇴근하는 사람의 경우, 커튼을 걷지 않고 쳐 두는 날이 많을 수 있다. 하지만 아무리 낮에 집을 비운다고 해도 매일 아침 한 번은 커튼을 걷고 창을 열어 환기를 시키고, 집에 햇볕이 들게 하자.

태양은 강력한 양의 에너지를 띤다. 조명으로 아무리 양의 에너지를 충전해도 태양이 지닌 에너지를 이길 수는 없다. 여러분이 집에 있건 없건 집 안에 태양의 에너지를 불어넣는 것이 중요하다. 여러분이 집을 비우는 동안, 집이 양의 에너지로 가득 차 있으면 어두운 밤에 집에 돌아왔을 때도 확실히 평소와 다른 기분을 느낄 것이다. 그리고 밤에는 음의 기운이 들어오지 못하게 커튼을 쳐 두자.

커튼을 걷거나 치는 습관만 하나 들여도 집을 더 마음 편한 공간으로 변화시킬 수 있다.

TIP 7. 거울로 '좋은 에너지'를 증폭시킨다

파워 스폿 중 한 곳인 '현관' 정리법을 설명할 때 말했듯이 거울에는 '비친 물건의 에너지'를 증폭시키는 작용이 있다. 그러니 거울에는 좋은 에너지를 내뿜는 물건, 즉 '예쁜 것', '아름다운 것', '자기가 봤을 때 기분 좋은 것'이 비치게 하자.

집을 아무리 잘 가꿔도 '어디에나 기분 좋은 광경만 보이게' 하기는 어렵다. 생활하다 보면 어쩔 수 없이 쓰레기도 생기고, 빨랫감도 나오고, 식사 후에는 싱크대에 설거짓거리가 쌓인다. 이런 모습이 비치지 않도록 거울의 위치나 각도에 신경 쓸 필요가 있다.

한 가지만 덧붙이자. 거울을 배치할 장소를 정했다면 좋은 에너지를 지닌 물건이 늘 거울에 선명하게 비치도록 거울을 항상 말끔하게 유지하자. 그러면 집에 좋은 에너지가 더욱 가득해질 것이다.

TIP 8. 문은 '활짝 열리게' 한다

풍수에서는 '기의 순환'을 중시한다. 집 안에 기가 잘 흐르려면 모든 문을 활짝 열 수 있어야 한다. 문 근처에 가구나 물건이 쌓여 있어 문이 한 사람만 간신히 통과할 정도밖에 열리지 않는 집이 종종 있는데, 이는 풍수적으로 그리 좋지 않다.

문은 사람만 지나다니는 길이 아니라, 기가 지나는 길이다. 만약 문이 반밖에 열리지 않는다면 기 또한 반밖에 지나지 못한다. 그러면 그만큼 방 안의 기운도 정체되어 버린다.

TIP 9. 목적별 침실 정리법

파워 스폿인 침실을 정리하는 방법은 STEP 2의 마지막 부분에 설명했지만, 그 외에도 다른 목적별로 침실을 정리하는 팁이 있다.

소소한 팁으로 편안함을 유지한다

연애운을 높이는 열쇠는 '분홍색', '쌍을 이루는 물건'이다.

예를 들어 분홍색 쿠션을 두 개 놓는 등 '사랑'을 상징하는 '분홍색' 물건을 '파트너십'을 상징하는 '한 쌍'으로 침실에 두는 것이다. 그렇게 하면 멋진 만남이 가까이 다가오기 쉬워진다.

또 배우자가 사용하는 침대 시트나 베개보, 잠옷 등을 조금 고급스러운 제품으로 바꾸면 배우자의 직업운이 올라가고 부부 금실도 좋아진다. 굳이 풍수적으로 생각하지 않아도 침실을 기분 좋은 공간으로 가꾸면 배우자가 당연히 기뻐할 것이다. '내게 마음을 써 주고 있구나', '나를 소중히 생각해 주는구나'라는 사실을 실감할 수 있는 데다 품질이 좋은 침구를 쓰면 수면의 질 또한 실제로 좋아질 것이다.

이런 일이 겹치면 배우자의 직업운이 향상되어 월급 인상이나 출세로 이어질 것이다. 또 침실을 그렇게 멋지게 바꾼 당신에게 고마움을 느끼게 되어 부부 사이도 자연스레 더 좋아질 것이다.

TIP 10. 쓰레기통은
눈에 띄지 않는 곳에 둔다

쓰레기는 집 안의 기운을 정체시키는 가장 불필요한 물건이다. 마음 같아서는 바로바로 버리고 싶지만, 쓰레기가 나올 때마다 밖으로 버리러 갈 수도 없는 노릇이다. 쓰레기통은 그런 불필요한 물건을 잠시 보관해 두는 곳이므로 최대한 시야에 들어오지 않게 하고 싶다.

**가장 이상적인 방법은 완전히 숨길 수 있도록
쓰레기통째로 수납공간에 넣어 버리는 것이다.**

예를 들어 거실 쓰레기통은 문이 달린 캐비닛 안에, 부엌 쓰레기통은 싱크대 밑의 수납공간에 숨기는 식이다. 맨 아래 칸을 쓰레기통으로 만든 그릇장 같은 제품도 추천한다.

**쓰레기통을 숨기기 어렵다면 뚜껑이 달린 쓰레기통을 사용해 내용물이
보이지 않게 하거나 되도록 쓰레기통이 주변 풍경에 잘 녹아들게 한다.**

예를 들어 쓰레기통을 놓는 장소 주변이 파란색으로 꾸며져 있다면 마찬가지로 파란색 쓰레기통을 산다.

소소한 팁으로 편안함을 유지한다

이 두 가지 점을 신경 쓰면 좋을 것이다. '매번 뚜껑을 열고 버리기가 귀찮은데, 큰 쓰레기통을 사서 내용물이 보이지 않게 해도 될까요?'라는 질문을 받은 적이 있는데, 이 방법은 그리 추천하지 않는다. 쓰레기통을 숨기는 편이 좋은 이유는 단순히 시각적으로 보기 좋지 않기 때문이 아니라, 쓰레기에서 흘러나오는 나쁜 기운을 막기 위해서다. 어딘가에 숨길 수 없다면 적어도 뚜껑이 달린 쓰레기통을 사용해서 나쁜 기운이 흘러나오지 않게 하자는 이야기다.

또 쓰레기통의 개수 자체도 줄이는 것이 좋다. 특히 편안하고 기분 좋게 시간을 보내고 싶은 거실과 침실에는 '쓰레기통을 두지 않도록' 하자. 쓰레기를 버리기 위해 다른 방으로 가는 게 귀찮을 수도 있지만, 이 또한 되도록 집 안에 기운이 정체되지 않게 하기 위해서다.

우리 집도 쓰레기통은 부엌과 화장실, 작업실에만 두고 있다. 그러다가 발견한 사실인데, 집에 쓰레기통이 적으면 쓰레기를 버리는 날에 집 안 곳곳을 돌아다니며 쓰레기를 회수하는 번거로움이 사라진다는 장점도 있다.

여기서 한 가지 중요한 사실이 있다. 쓰레기통에 쓰레기를 버리면 다른 공간이 깔끔하게 유지된다는 점이다. 즉, 쓰레기통은 집 안 곳곳에서 발생하는 쓰레기를 자신에게 모이게 해서 집의 전체적인 정화에 공헌하고 있는 셈이다. 나쁜 기운이 쌓이는 곳이라고 해서 쓰레기통을 싫어하고 꺼리는 것은 좋지 않다. 쓰레기통에도 늘 감사해하자.

TIP 11. '향기의 힘'으로
자신을 가다듬는다

향기에는 심신을 치유하는 효과가 있다고 하여 식물에서 추출한 아로마 오일을 이용한 아로마테라피는 전통적인 민간요법으로 활용되었다. 일본에도 예부터 향을 피워 정화하거나 재앙을 물리치는 관습이 있듯이 풍수에서도 향을 기의 정화에 사용한다. 운이 좋아지도록 향을 활용하는 방법도 추천한다. 기를 정화할 때 사용하면 좋은 아로마는 세이지다. '기의 정화에는 당연히 세이지'라는 말이 있을 정도로 풍수에서는 많이 쓰이는 식물이다.

향을 고르기가 어렵다면 단순히 자신의 마음에 드는 아로마를 피우기만 해도 효과적이지만, 휴식을 취하고 싶을 때는 이완 효과가 있는 라벤더를, 집중하고 싶을 때는 집중력 향상 효과가 있는 로즈메리를 사용하는 등 목적에 맞게 구분해서 사용하는 것이 좋다. 단, 아로마 오일 중에는 '임산부가 피해야 하는 종류' 같은 금기사항도 있으므로 설명서를 잘 읽어 보고 사용하자.

지금까지 풍수를 이용해 집을 가꾸는 방법을 소개해 왔다. 그중에서 여러분이 지금 당장 할 수 있는 일부터 시작해 보았으면 한다. 그때 중요한 점 중 하나가 '오감을 의식하는 것'이다. 아름다운 광경, 마음이 편해지는 향기, 기분이 좋아지는 소리, 피부에 닿는 느낌이 좋은 감촉, 맛있는 식사…….

오감이 발달하면 육감, 즉 '직감'이 예민해진다. 그러면 지금 당신에게 필요한 정보나 인맥을 낚아챌 수 있게 되어 당신의 미래가 당신이 원하는 형태를 갖추기 시작한다. 그리고 진정한 풍요인 '어번던스'에 둘러싸이게 된다.

향기의 힘마저 자신의 편으로……

❶ 가족들이 편히 쉬는 거실
❷ 나무의 에너지를 불어넣은 공간
❸ 좌우 대칭으로 꾸며진 부부 침실
❹ 가슴이 두근거릴 만큼 세련된 인테리어로 꾸며진 응접실
❺ 늘 청결하고 꽃이 있는 부엌
❻ 밝고 깨끗한 현관

　　마지막으로 학생들 사이에서 '가기만 해도 운명이 바뀌는 풍수 하우스'라 불리는 우리 집을 소개한다. 인테리어를 고민할 때 참고가 되기를…….

내가 살고 있는 공간을 바구아 지도에 적용해 보기

① 사는 공간의 도면을 그려보세요.

(현관을 중심으로 거실, 방, 부엌, 화장실 등의 위치를
표시해 보세요)

내가 살고 있는 공간을 바구아 지도에 적용해 보기

② ①(사는 공간의 도면) 위에 바구아 지도를 올려보세요

집을 정리하면서 삶이 즐거워진 경험을 써보세요

꼬리말

이 책을 읽어 주셔서 감사합니다.

　과거의 저는 자신이 만들어 낸 지옥에 틀어박혀 울고 있었습니다. 저를 30년 이상 괴롭혀 온 우울증과 싸우는 와중에도 남편과 함께 여러 사업을 벌이고, 어린 자녀를 키우면서 1년에 360일을 일하면서…….

　'게으르니까 우울증에 걸리는 거야'라는 말로 자신을 책망하며 하루하루를 살았습니다. 우리 가정에서는 웃음이 사라졌고, 잠들지 못하는 나날이 이어졌습니다. 게다가 이혼의 위기까지……. '사는 게 너무 괴로워서 견딜 수가 없어. 어디론가 사라져 버렸으면 좋겠어.' 이렇게 한탄하기만 했습니다.

지금 돌이켜보면 당시의 저는 제가 불행한 이유를 주변 사람이나 환경 탓으로 돌리고 있었습니다. 그런 상황에서 제가 만나게 된 것이 바로 바구아 풍수였습니다. 그렇게 바구아 풍수를 이용해 집을 가꾸어 나가자 마음이 서서히 가다듬어지기 시작했습니다.

오랫동안 봉인되어 있던 '본래의 나 자신'으로 돌아가자 제가 진정으로 하고 싶어 하는 일도 보이기 시작했습니다. 그리고 그때부터 믿을 수 없을 정도로 놀라운 '풍요의 흐름'이 순환되기 시작했습니다.

남편과의 애정이 되살아나고, 가정에는 웃음이 돌아왔으며, 좋은 인맥도 쌓게 되었고, 행복과 양립할 수 있는 사업도 시작하게 되었습니다. '지옥'은 어느 틈엔가 '낙원'으로 변해 있었습니다. 제가 있는 곳이 '낙원'이라는 사실을 스스로 깨닫게 된 것이었습니다.

내가 괴로워하던 순간에도
늘 내 곁에 있어 준 남편이 있었지.
작은 팔로 나를 꼭 안아 준 딸이 있었지.
나를 도와준 주변 친구들이 있었지.

마음을 굳게 닫은 채, 제가 보려 하지 않았던 '눈앞의 풍요'가 마치 마법처럼 제 속에서 피어오른 것입니다. 그리고 그것이 절대로 이룰 수 없으리라 생각했던 진정한 물질적·정신적 풍요인 어번던스로 저를 이끌어 주었습니다. 지금은 바구아 풍수의 지혜에 제 경험을 더해 고안한 방법을 '어번던스 풍수'라는 이름으로 학생들에게 가르치고 있습니다.

일상에서 가장 오랜 시간을 보내는 집이 우리에게 끼치는 영향은 막대합니다. 집을 사랑하고 가꾸어 마음 편한 공간으로 만들면 그곳에 사는 사람들의 재능이 빛을 발하면서 이들을 풍요로운 생활로 이끕니다.

여러분께 제가 전하고 싶은 말은 제가 특별한 게 아니라는 점입니다. 앞서 말씀드린 대로 저 역시 오랜 고민과 방황을 하면서 때로는 절망감에 휩싸이기도 했지만, 그러면서도 '인생을 호전시키고 싶다'라고 바라 온 사람 중 한 명일 뿐입니다. 어쩌면 지금의 여러분처럼 말이지요.

어번던스 풍수로 집을 가꾸자 애정, 인간관계, 일, 경제적 상황, 심신의 건강까지 그야말로 '인생의 모든 것'이 호전되었습니다. 왜냐하면 '지금, 이 순간'에 감사하며 다른 사람들과 함께 살아갈 수 있게 되었고, 지금의 자신에게 진정으로 필요한 일을 '취사선택'할 수 있게 되었기 때문입니다.

그러자 상상조차 해 본 적이 없는 기적들이 차례차례 일어나기 시작했습니다. 그런 일을 더 많은 사람이 경험해 보았으면 하는 마음 하나로 이 책을 썼습니다. 이를 계기로 여러분의 삶도 전부 좋은 방향으로 바뀌어 여러분만의 '어번던스'를 손에 넣으시기를 진심으로 응원합니다.

마지막으로 제가 힘들어했던 순간에도 늘 저를 믿고 지지해 준 가족들과 친구들 그리고 이 책을 읽어 주신 여러분에게 사랑과 감사의 마음을 전합니다.

치유의 도시 빅토리아에서 사랑과 감사를 담아
카오리 르블랑

황세정

이화여자대학교 식품영양학과를 졸업했으며, 동 대학 통역번역대학원 일본어 번역과 석사를 취득했다. 취미 삼아 시작한 일본어에 푹 빠져 번역가의 길을 선택했다. 번역서 같지 않다는 말을 최고의 칭찬으로 여기며 오늘도 자연스러운 문장을 만들기 위해 힘쓰고 있다. 현재 엔터스코리아 출판 기획 및 일본어 전문 번역가로 활동 중이다.

주요 역서로는 『베이킹은 과학이다』, 『일본 카레요리 전문셰프 8인의 도쿄 카레』, 『김철언의 마라톤 100일 트레이닝』, 『무비료 텃밭농사 교과서』, 『처음 시작하는 열대어 기르기』, 『82 매듭 대백과』, 『컨디션도 습관이다』, 『사십견 오십견 홈 스트레칭』, 『리틀 발레리나 1: 발레 스쿨이 궁금해!』, 『피구 숙제』, 『합창 숙제』, 『거꾸로 오르기 숙제』, 『사소하지만 굉장한 어른의 뇌 사용법』, 『작은 변화가 큰 성공을 만든다』, 『아침에 쓰는 미래 일기』, 『만화로 읽는 아들러 심리학 시리즈 전 3권』, 『핫토리 씨 가족의 도시 수렵 생활 분투기』, 『이 사랑은 세상에서 가장 아름다운 비』, 『세상에서 가장 행복한 청소부』 외 다수다.

꿈이 이루어지는 집 꾸미기

정리만 잘해도 인생이 내가 원하는 방향대로 흘러간다

초판	1쇄 발행 2023년 10월 15 일
지은이	카오리 르블랑
옮긴이	홍세정
펴낸이	신호정
편집	이미정
마케팅	백혜연, 홍세영
디자인	김태양
펴낸곳	책장속북스
신고번호	제 2020-000111호
주소	서울시 송파구 양재대로 71길 16-28 원당빌딩 4층
대표번호	02)2088-2887
팩스	02)6008-9050
인스타그램	@chaegjang_books
이메일	chaeg_jang@naver.com
ISBN	979-11-91836-23-3 03190